# développer l'autodiscipline

Résiste aux tentations
et atteins tes objectifs
à long terme

par Martin Meadows

# Inscris-toi à ma newsletter

J'aimerais rester en contact avec toi. Inscris-toi à ma newsletter et reçois mes nouvelles publications, des articles gratuits, des cadeaux et autres e-mails importants de ma part.

Inscris-toi en visitant le lien ci-dessous :

http://www.profoundselfimprovement.com/autodiscipline

# Table des matières

Inscris-toi à ma newsletter .................................. 2

Table des matières ............................................. 3

Prologue : La vie est facile
lorsqu'elle est vécue difficilement .................... 5

Chapitre 1 : Les fondamentaux
de l'autodiscipline ............................................ 9

Chapitre 2 : Quel est ton « pourquoi » ? .......... 21

Chapitre 3 : La dopamine,
ennemie et amie à la fois ................................. 32

Chapitre 4 : 5 façons pratiques d'entraîner
ta discipline ..................................................... 43

Chapitre 5 : L'autodiscipline
(ou son absence) est contagieuse .................... 58

Chapitre 6 : 7 pièges qui mettent ton
autodiscipline au défi ...................................... 68

Chapitre 7 : 7 astuces supplémentaires
pour rester discipliné ...................................... 92

Épilogue .......................................................... 105

Inscris-toi à ma newsletter.............................. 107

Peux-tu aider ?................................................ 108

À propos de Martin Meadows........................ 109

# Prologue : La vie est facile lorsqu'elle est vécue difficilement

Les seuls choix qui font la différence entre la médiocrité et la réussite sont les choix difficiles.

Le choix d'arrêter de manger de la nourriture malsaine et de changer tes habitudes alimentaires. Le choix de te débarrasser de ta télévision et de consacrer du temps à ton éducation. Le choix de poursuivre tes rêves au lieu de te conformer à l'idée commune de la réussite qui ne t'apporte aucun plaisir. Le choix de continuer à te battre alors que tu ne tiens même plus debout.

L'autodiscipline est l'élément clé qui t'aidera à prendre ces décisions difficiles, au lieu de continuer à faire ce qui est facile et confortable. Les gens qui se concentrent sur la gratification instantanée -les choses qui sont sans danger, facile et confortable - n'atteignent que rarement leurs objectifs à long terme.

Comment développer l'autodiscipline dans ta vie ? Comment résister aux récompenses à court terme dans le but d'atteindre tes objectifs à long terme ? Ce livre répond à ces questions.

Bien que je sois une personne qui exerce l'autodiscipline depuis ma plus tendre enfance (merci maman !), je recherche toujours plus d'informations et de conseils pour améliorer mon aptitude à résister aux tentations.

Je me suis abstenu de manger pendant plus de 40 heures. Pendant deux mois, j'ai pris deux douches glacées de 5 minutes tous les jours. J'ai fait un régime très strict et j'ai perdu 13,6 kilos en 12 semaines. Plus d'une fois j'ai couru en short par -20 degrés Celsius pendant 30 minutes. J'ai soulevé des haltères au point d'en avoir la tête qui tourne. J'ai écrit plus de 100 000 mots en un seul mois (ce qui représente un roman de 400 pages).

Pourquoi diable est-ce que je fais toutes ces choses dingues ?

La réponse est plus simple que tu ne l'imagines. Non, je ne suis pas masochiste. Je les fais pour tester mes limites et découvrir jusqu'où va la maîtrise de moi-même.

Je n'ai aucun doute que pour avoir une vie réussie, il n'y a rien de plus important que de maintenir un haut niveau d'autodiscipline et de continuer à l'augmenter chaque jour. C'est pour cette raison que je me lance des défis. Je veux savoir si je peux résister à la tentation de manger après un jeûne de deux jours, ou de rentrer à la maison quand l'air glacial de l'extérieur engourdit mes jambes.

Mes expériences m'aident à mieux me comprendre et m'apprennent des choses utiles sur l'autodiscipline - des choses qui peuvent être appliquées dans la vie de chacun d'entre nous.

Mais ne t'inquiète pas, tu n'as pas besoin de faire les mêmes expériences dingues que moi (même si cela ne te ferait pas de mal). Tout ce que tu dois changer, c'est ta volonté de comprendre comment l'autodiscipline fonctionne, et mettre cette connaissance en pratique dans ta vie.

Que tu veuilles apprendre à te tenir à ton nouveau régime alimentaire, ou que tu veuilles complètement changer ta vie, tu découvriras comment t'y prendre dans les pages qui suivent.

La plupart des conseils partagés dans ce livre sont basés sur des recherches scientifiques référencées en dernières pages. Pour t'aider à en tirer le plus grand bénéfice en peu de temps, j'ai décidé de ne pas aller dans les détails de chaque étude. Au lieu de partager avec toi le « pourquoi » (avec des descriptions d'études ennuyeuses et prêtant à confusion), je vais partager le « comment ».

# Chapitre 1 : Les fondamentaux de l'autodiscipline

Le principe 80/20 dit que 80 % des résultats obtenus proviennent des 20 % d'effort fournis. En réalité, bien souvent, tu n'as vraiment besoin de savoir qu'une seule chose pour atteindre des résultats extraordinaires.

C'est la même chose pour l'autodiscipline. Elle peut être simplifiée en un concept unique : automatiser tes comportements. Tu n'as pas besoin de plus d'autodiscipline que tu n'en as déjà, si tu apprends à établir de nouvelles habitudes de vie, des réflexes que tu mets en place lorsque tu es tenté de perdre de vue tes objectifs à long terme.

Imagine que tu fasses un régime et que quelqu'un t'offre une barre chocolatée. Ton objectif à long terme est de perdre du poids et d'être en bonne santé. Mais la tentation qui te regarde droit dans les yeux, la délicieuse bombe de sucre, t'attire comme pour t'annoncer une mort certaine si tu ne la manges pas.

Tu gigotes, te tortilles, essayant de puiser dans ta volonté, puis tu dis non. Deux minutes plus tard (si ce n'est avant), la barre chocolatée a disparu. Après tout, au diable le régime, ce n'est pas une barre qui va gâcher tout ton régime, si ? La prochaine fois que quelqu'un t'offrira une barre chocolatée, tu ne pourras pas résister. Et bientôt, tu abandonneras ton régime et tu reprendras tes mauvaises habitudes alimentaires.

Tout cela parce que tu n'as pas développé de réflexe lorsque quelqu'un t'offre une barre chocolatée.

Imagine à présent que ton comportement est automatique ; tu suis le principe 80/20, et tu introduis une habitude dans ta vie. À la vue d'une barre chocolatée, tu deviens conscient de ta fringale. Mais au lieu de céder, tu reconnais cette fringale pour ce qu'elle est vraiment : un détour qui va t'éloigner de ton objectif à long terme. Tu te rappelles que tu peux éliminer cette fringale en mangeant un fruit.

Tout cela se passe en l'espace d'un instant. C'est tout aussi naturel pour toi que de te brosser les dents le matin (tu n'as pas besoin d'exercer ton autodiscipline pour faire ça, n'est-ce pas ?).

Félicitations, ton comportement automatique ou réflexe t'a empêché d'abandonner tes résolutions.

## L'autodiscipline commence par des habitudes

Des recherches montrent[1] que cela prend entre 18 et 254 jours pour former une nouvelle habitude. En moyenne, cela nécessite un peu plus de deux mois (66 jours), pour automatiser un nouveau comportement. Au fur et à mesure que tu passes chaque jour à répéter le comportement que tu as l'intention d'automatiser, tu as moins besoin de discipline pour qu'il adhère. Soixante-six jours plus tard, maintenir cette habitude en place ne nécessite que très peu de discipline ; elle devient ton comportement automatique.

Charles Duhigg, l'auteur du livre *The Power of Habit: Why We Do What We Do in Life and Business* (N.D.T. : *Le pouvoir de l'habitude : pourquoi nous faisons ce que nous faisons dans la vie et dans le travail*), divise l'habitude en 3 éléments : le signal, l'action et la récompense.

Si ton signal est la vue de la barre chocolatée dans un magasin, ton action est de la manger, et ta récompense est le goût sucré du chocolat dans ta bouche.

Ton cerveau obéit à un plan simple : quand il voit le signal, il te fait faire l'action (quasi inconsciemment), pour obtenir la récompense qu'il désire.

Heureusement, on peut utiliser le même processus pour former des habitudes positives et rendre nos comportements automatiques. Nous pouvons également apporter des changements à nos mauvaises habitudes existantes, et les transformer en bonnes habitudes.

Pour prendre l'exemple de la barre chocolatée, supposons que c'est ton envie de quelque chose de sucré qui te pousse à la manger. La prochaine fois que tu as envie de manger une barre sucrée, remplace-la par une pomme. La première fois que tu vas modifier ton comportement sera la plus difficile ; c'est à ce moment-là que tu auras le plus besoin d'autodiscipline. Tu auras sûrement besoin d'utiliser quelques-uns des conseils que je vais partager avec toi dans ce livre.

Une fois que tu répètes ce même comportement plusieurs fois, il devient de plus en plus facile de remplacer la barre par la pomme. Plusieurs semaines plus tard, tu iras chercher une pomme à la vue d'une barre chocolatée. Cela deviendra ton nouveau réflexe. Tu n'y réfléchiras même pas à deux fois avant de faire ce choix.

Développer de nouvelles habitudes est l'essence-même de l'autodiscipline. Mais il existe une meilleure façon d'introduire de nouvelles habitudes que de le faire une par une...

## Se concentrer sur les habitudes fondamentales

Charles Duhigg parle dans son livre des habitudes fondamentales ; les habitudes qui mènent à la transformation de plusieurs autres domaines de la vie. Il n'est pas surprenant de voir que l'une des habitudes les plus puissantes pour changer d'autres tendances est l'activité physique régulière.

Des études montrent[2] qu'une activité physique régulière mène à moins manger, moins fumer, moins boire d'alcool et moins prendre de risques. Par conséquent, un seul changement dans ta routine quotidienne peut t'aider à introduire beaucoup d'autres changements sains, avec très peu, voire aucune opposition. Des choses positives « se produisent » et transforment ta vie.

Je suis partant.

Oh, pardon, j'ai déjà bénéficié de ce phénomène.

Tout comme dans l'exemple de la recherche cité auparavant, faire de l'exercice a aussi fait de moi une meilleure personne. Lorsque j'ai commencé l'haltérophilie, j'étais faible, en surpoids et j'avais de mauvaises habitudes alimentaires ; maintenant, je suis un homme en bonne santé, en pleine forme et fort.

Aujourd'hui, toutes les habitudes malsaines qui faisaient partie de ma vie avant que je ne commence à faire de l'exercice n'existent plus. C'est même mieux que ça. J'ai une résistance naturelle à retourner à un régime malsain, ou à d'autres mauvaises habitudes qui contrôlaient ma vie. Lorsque quelqu'un me propose un paquet de chips, je n'ai pas besoin de discipline pour dire non. Vouloir le manger ne fait tout simplement pas partie de ma nouvelle personnalité.

Une autre habitude fondamentale qui peut t'aider à changer ta vie avec beaucoup moins de discipline que d'attaquer plusieurs habitudes séparément, est de tenir un journal de ce que tu manges. Des recherches montrent[3] que les gens qui notent leurs habitudes alimentaires, mangent moins et choisissent une nourriture plus saine. Mis à part l'habitude d'écrire ce qu'ils mangent au cours de la journée, aucun des participants n'était encouragé à changer d'autres habitudes. Le changement, comme dans le cas de l'activité physique, s'est fait naturellement.

J'ai aussi tenu un journal de mon alimentation pour suivre mes habitudes alimentaires. Cela m'a aidé à comprendre la quantité d'énergie et de nutriments que chaque aliment apportait (et comment utiliser cela pour soit perdre du poids, soit développer mes muscles).

Ces deux habitudes fondamentales, faire de l'exercice et tenir un journal de ton alimentation, peuvent transformer ta vie. Mais alors, que faire si tu as déjà un régime sain et que tu fais de l'exercice régulièrement ? Les habitudes fondamentales ne sont pas limitées à ces deux comportements.

Tu peux appliquer les découvertes de Duhigg dans d'autres domaines de ta vie et chercher d'autres habitudes fondamentales. Voici quelques habitudes fondamentales potentielles que tu peux développer dans ta vie, pour espérer une réaction en chaîne positive.

1. La méditation. Il existe au moins 20 bienfaits de la méditation scientifiquement prouvés qui se portent sur tous les domaines de la vie[4]. Nous parlerons de la méditation plus en détail dans un chapitre suivant.

2. Se lever plus tôt. Même si ce n'est que 15 minutes plus tôt, cela peut apporter un grand changement dans ta vie en te permettant de

commencer la journée avec moins de stress, et sans te presser. Moins de tension le matin peut t'aider à améliorer tes relations avec les autres et à devenir plus efficace au travail.

3. Essayer quelque chose de nouveau tous les jours. Sortir de ta zone de confort, faire des choses que tu n'as jamais faites auparavant t'aidera à découvrir de nouveaux hobbies, rencontrer de nouvelles personnes et faire face à tes peurs.

4. Économiser de l'argent. Quel que soit ton avis sur l'argent et le bonheur, quelques mois d'économies ne peuvent qu'apporter des changements positifs à ta vie, te menant vers moins de stress et plus de sécurité financière, affectant d'autres aspects de ta vie.

5. Exprimer ta gratitude pour les choses qui te rendent heureux. Des études montrent[5] que le fait d'écrire trois choses qui se sont bien passées dans une journée donnée, procure une augmentation continue de bonheur.

# Est-ce que la volonté est une ressource ?

Dans leurs livres, plusieurs auteurs tels que Kelly McGonigal[6] et Roy Baumeister[7] décrivent la volonté comme étant une ressource limitée qui doit être gérée.

Leurs découvertes, principalement basées sur les recherches de Baumeister, semblent intéressantes ; notre volonté fonctionne comme un muscle, et nous pouvons la renforcer, mais aussi la fatiguer. Leur modèle suggère que la volonté dépend de notre taux de glucose : quand il chute, notre maîtrise de soi chute aussi. En d'autres termes, les gens qui ont faim sont plus susceptibles de prendre de mauvaises décisions.

Cela ne me semblait pas correct. Je suis un régime alimentaire assez inhabituel pendant lequel je jeûne de 16 à 20 heures chaque jour, puis je mange pendant une courte période de 4 à 8 heures. Pourtant, je ne cède pas aux tentations comme par magie lors de mes jeûnes. Ils augmenteraient plutôt ma lucidité.

En faisant mes recherches pour ce livre, j'ai trouvé des preuves que leur conseil peut en fait être incorrect. Robert Kurzban et ses collègues[8] croient que l'hypothèse selon laquelle la volonté est une ressource qui peut être réapprovisionnée en glucose est vraisemblablement incorrecte. Une étude allemande[9] confirme les convictions de Kurzban. Certaines études montrent[10] même que le taux de volonté dépend du fait que tu croies ou non en ses limites, mais en tout cas, absolument pas de ton taux de glucose.

Perturbant, hein ?

Pour écrire ce livre, j'ai décidé d'adopter les deux points de vue, sans la partie « prends du sucre pour retrouver la maîtrise de toi-même » controversée.

La deuxième chose la plus importante pour apprendre à vivre une vie plus disciplinée, c'est de comprendre à quel point la conscience de soi et la motivation sont importantes, et comment elles peuvent t'aider à tenir tes résolutions, quel que soit ton taux de glucose. C'est ce dont nous allons parler dans ce deuxième chapitre.

# LES FONDAMENTAUX DE L'AUTODISCIPLINE : BREF RÉCAPITULATIF

1. En moyenne, cela prend 66 jours pour former une nouvelle habitude. Une fois que tu auras créé un certain comportement automatique, tu ne dépendras plus de ton autodiscipline pour continuer d'adopter ce comportement. Lorsque le signal se présentera, tu réagiras automatiquement, tout comme tu t'es entraîné à le faire. C'est la façon la plus simple d'apporter plus de discipline dans ta vie.

2. Les habitudes fondamentales représentent le meilleur rapport qualité/prix. Si tu ne l'as pas encore fait, prend l'habitude de faire de l'exercice régulièrement. Si cela fait déjà partie de ta routine quotidienne, envisage la méditation, ou bien te lever plus tôt, exprimer ta gratitude, économiser de l'argent ou essayer quelque chose de nouveau tous les jours.

# Chapitre 2 : Quel est ton « pourquoi » ?

La définition la plus fondamentale de l'autodiscipline est la capacité à contrôler tes pulsions afin de pouvoir atteindre tes objectifs à long terme. Les mots-clés ici sont « objectifs à long terme », raison pour laquelle tu dis non à une gratification instantanée. La deuxième meilleure chose à faire pour tenir les promesses que je me suis fait, c'est d'avoir un « pourquoi » puissant et de te le rappeler quand tu es face à la tentation.

Imagine que ton objectif est d'être en bonne santé et de perdre du poids. C'est un objectif tout à fait correct, mais cela ne marchera pas quand quelqu'un te proposera un morceau de chocolat.

Cet objectif n'est pas assez spécifique et ne suscite pas une réponse émotionnelle assez puissante. Essayons de le changer en quelque chose de plus spécifique : tu veux perdre 10 kilos avant la fin de l'année pour pouvoir rentrer dans ta belle robe rouge sexy ou dans ton tailleur (remplace la robe ou le tailleur par le vêtement dans lequel tu te sens bien).

Imagine comme tu te sentiras légère et jeune quand tu porteras ce vêtement, comme tu seras heureuse et maîtrisant ton régime et ta forme.

Maintenant, regarde ce morceau de chocolat. Est-ce que cela vaut vraiment la peine d'abandonner cette vision puissante pour une brève dose de sucre ? Prends une pomme à la place et sois heureuse de savoir que tu es toujours sur la bonne voie.

Cependant, il manque une chose à cette technique.

Fais une pause et pense à ton « pourquoi » dans tous ses détails.

Pense à ce que tu entends, ce que tu sens et aux autres choses que tu ressens. L'objectif est de te donner au moins une minute pour t'enlever l'envie de l'esprit. Lorsque tu ralentis, ton corps va récupérer sa capacité à résister à la tentation. Si tu prends une décision impulsive lorsque tu fais face à une envie, ton choix sera rarement en accord avec tes objectifs à long terme.

C'est la méthode que tu peux utiliser lorsque tu fais face à une tentation. Cependant, ce n'est pas une façon efficace de s'auto-motiver au quotidien. L'approche commune de visualiser ton objectif va plutôt te faire sortir de la piste que t'aider à te rapprocher du but. Explorons pourquoi.

## La façon correcte de visualiser

Les chercheurs de l'UCLA Lien B. Pham et Shelley E. Taylor, ont conduit une expérience[11] lors de laquelle ils ont comparé la visualisation normale (imaginant le moment où tu atteins l'objectif) à la visualisation des sportifs qui se focalisent sur le processus (méthode utilisée par des sportifs tels que Michael Phelps, un des meilleurs nageurs médaillés des Jeux olympiques).

Leurs découvertes confirment que visualiser le processus en détail est plus efficace que d'imaginer l'objectif (un seul événement). Imaginer l'objectif, grâce à la dopamine (j'en parlerai plus dans un chapitre suivant), te donne une sensation de récompense sans réellement faire aucun travail. Par conséquent, tu perds la motivation pour atteindre tes objectifs.

Alors, comment devrais-tu visualiser tes objectifs pour devenir plus discipliné ?

Pour atteindre ton objectif, tu dois imaginer chaque action à entreprendre dans les moindres détails. Si ton but est d'être en bonne santé, fort et en forme, imagine-toi en train de soulever des haltères et la sueur qui coule de ton front. Imagine-toi en train de cuisiner un délicieux petit plat sain. Imagine-toi en train de marcher dans l'allée de tes articles à grignoter préférés, mais au lieu de les acheter, tu prends des légumes. Imagine-toi enfiler tes chaussures de course au lieu d'allumer la télévision (ou encore mieux, la télévision devrait disparaître de chez-toi pour toujours).

En d'autres termes, tu entraînes ton mental à te préparer pour les défis que tu vas indéniablement rencontrer dans la vraie vie. Plus tu imagines les étapes nécessaires que tu dois effectuer pour atteindre ton objectif, plus cela deviendra facile d'en faire des parties inhérentes et non-négociables de ta vie.

Lorsque ta visualisation mentale passe de celle de l'événement à celle du processus, la magie se produit.

## Sois sélectif dans ta vie

Des recherches suggèrent[12] que les étudiants ont tendance à remettre à plus tard les tâches désagréables, et, dans une moindre mesure, les tâches qui exigent des aptitudes qu'ils ne pensent pas posséder.

La solution ? Deviens plus sélectif dans ta vie et focalise-toi sur les tâches essentielles, idéalement celles que tu trouves agréables et qui correspondent à tes qualités.

Les gens qui veulent devenir plus disciplinés font souvent l'erreur de se rendre misérables. L'autodiscipline, ce n'est pas cela.

La seule utilité de l'autodiscipline, c'est de t'aider à atteindre les objectifs que tu t'es fixé.

En d'autres termes, aucune quantité d'autodiscipline ne sera suffisante pour t'aider à faire quelque chose que tu détestes.

Voici pourquoi la sélectivité est primordiale. Nous avons tous 24 heures dans une journée et une énergie limitée. Se disperser en essayant d'accomplir trop de choses en même temps, est au mieux, sous-optimal et au pire, va à l'encontre de ton objectif.

C'est pourquoi la première chose à faire pour introduire plus d'autodiscipline dans ta vie, c'est de former des habitudes fondamentales. Dans beaucoup de cas, ces comportements simples apporteront des changements énormes qui apporteront eux-mêmes des transformations.

La deuxième chose importante est de te demander comment tes nouveaux objectifs correspondent au plan général de ta vie. Est-ce que tu les formes parce que tu crois sincèrement qu'ils amélioreront ta vie, ou parce que c'est quelque chose que tu es « censé » faire ?

Voici une anecdote tirée de ma vie personnelle. Comme des millions d'autres enfants, quand j'ai terminé mes études secondaires, mes parents m'ont encouragé à aller à l'université. « Sans diplôme, tu n'es rien », disaient-ils. Mon amour pour l'entrepreneuriat m'a mené à me spécialiser dans l'administration d'entreprise.

Au fil des mois, j'étais de moins en moins intéressé. C'était de plus en plus dur de me rendre en cours et de me préparer pour les examens. Je suis sûr que tu n'aurais pas pu trouver un étudiant moins motivé que moi, quand bien même je suis de nature perfectionniste.

Moins de deux ans plus tard, j'ai décroché. Aucune quantité d'autodiscipline n'aurait pu m'aider à continuer d'étudier quelque chose qui ne peut être appris que dans la vie réelle. Bien qu'encouragé par mes parents à continuer mes études, je ne pouvais pas me forcer à passer plusieurs années à étudier des choses qui ne pouvaient même pas être mises en pratique dans la vie réelle.

Je me suis juré de ne plus jamais faire de choses qui allaient à l'encontre de mes opinions et de mes objectifs personnels. C'est une mauvaise gestion de ressources - temps et énergie - qui auraient pu être utilisées pour faire quelque chose qui me rapproche de mes objectifs.

## Surveille-toi en permanence

Les mauvaises habitudes sont difficiles à supprimer, car elles surviennent trop vite. Avant même de s'en rendre compte, on a avalé une barre chocolatée. Ton « pourquoi » est inutile si tes habitudes t'empêchent d'agir.

C'est pour cela qu'il est très important de constamment surveiller tes pensées et de rester focalisé sur l'instant présent. Avec toutes les distractions présentes dans le monde d'aujourd'hui, c'est très facile d'oublier tes résolutions. Tu prends une barre chocolatée tout en envoyant un sms à un copain et tu l'as fait descendre avec une cannette de soda sucré tout en mettant ton statut à jour.

Des études montrent[13] que les acheteurs distraits sont les plus susceptibles de goûter les échantillons de nourriture proposés dans les supermarchés. Par conséquent, ils rentrent chez eux avec plus d'achats qu'ils n'avaient prévu d'en faire, et généralement à l'opposé de ce qu'ils devraient manger.

Tu peux mettre les résultats de ces études en pratique dans ta propre vie. S'il est plus facile de céder lorsqu'on est distrait, alors il est très important de faire attention à ce que nous pensons et de nous désencombrer l'esprit.

Je trouve que la méditation est un très bon outil pour apprendre à te focaliser sur l'instant présent. Cependant, toute autre pratique de conscience réfléchie[14] fera l'affaire. Moins tu as de distractions qui brouillent ton jugement, plus il est facile de te rappeler ton « pourquoi » et de t'en tenir à tes résolutions.

Pour t'aider à te focaliser sur l'instant présent, envisage de réduire le temps que tu passes sur les réseaux sociaux. Je ne regarde jamais mes réseaux sociaux sur mon téléphone et je ne vérifie mes e-mails que rarement, ou lorsque j'attends une réponse importante. Avec moins de distractions, je suis davantage capable de me concentrer sur l'instant présent, et j'évite des actions stupides qui menaceraient mes objectifs à long terme.

# QUEL EST TON POURQUOI ? BREF RÉCAPITULATIF

1. La raison pour laquelle tu veux atteindre un objectif particulier peut mener à la réussite ou à l'échec de tes résolutions. Avec un puissant « pourquoi », il sera beaucoup plus facile de résister aux tentations.

2. Lorsque tu es face à une envie, fais une pause et rappelle-toi la raison pour laquelle tu veux y résister. Céder à des envies est une impulsion. Si tu te donnes une minute ou deux pour penser, ton mécanisme de maîtrise de soi se mettra en route et t'aidera à éviter de ruiner ton progrès.

3. La visualisation te prépare à la réussite, mais seulement si tu visualises comme les pros du sport le font : en visualisant chaque étape de ton parcours vers l'objectif. Lorsque tu te prépares pour toutes les actions à entreprendre, tu es plus susceptible de t'en tenir à tes résolutions que lorsque tu ne visualisais que l'objectif.

4. Sois sélectif avec les objectifs que tu désires atteindre. Si ton objectif n'est pas une réelle source de

motivation, aucune quantité d'autodiscipline ne t'aidera à l'atteindre.

5. Vis dans l'instant présent. Réduis la quantité de distractions qui t'entoure et deviens plus conscient de ton environnement, surtout quand tu vas faire les courses.

# Chapitre 3 : La dopamine, ennemie et amie à la fois

La dopamine est un neurotransmetteur d'une complexité abrutissante et dont je laisserai les vrais scientifiques[15] décrire son rôle dans notre corps.

Ce qui doit t'intéresser le plus à propos de la dopamine est l'un de ses trajets, connu sous le nom de trajet mésolimbique (détends-toi, je ne vais pas décrire la structure du cerveau). Ce trajet commence dans les cellules au beau milieu du cerveau et va jusqu'au noyau accumbens (si tu veux comprendre le « comment », il n'est pas nécessaire de savoir où diable se trouve le noyau accumbens).

Une libération de dopamine qui se produit de cette manière mène la plupart des gens à considérer que c'est le seul rôle de la dopamine : un pic qui se ressent comme de la motivation ou du plaisir. Les drogues, le sexe et l'exercice mènent tous à une libération de dopamine, ce qui nous donne une sensation de bien-être.

Mais en réalité, la dopamine n'a pas grand-chose à voir avec le bonheur. Sa libération se produit chaque fois que vous vous trouvez en présence d'un signal que vous avez associé à une récompense.

La simple vue d'un signal (disons, une cigarette) va augmenter le niveau de dopamine dans le noyau accumbens. Cela produit une envie qui, non assouvie, mènera à une baisse de dopamine. Comme chacun de nous le sait, lorsqu'une envie n'est pas assouvie (et qu'une baisse de dopamine s'ensuit), on ne se sent pas bien.

C'est l'une des raisons pour lesquelles il est si dur de résister à une tentation. Ton cerveau travaille contre toi, t'obsédant par l'obtention de la récompense déclenchée par le signal. Ce que tu obtiens en cédant et en assouvissant cette envie, ce n'est même pas du bonheur - c'est simplement un soulagement face à l'angoisse de ne pas obtenir ce que ton cerveau voulait.

Que peut-on faire pour avoir une chance équitable contre la dopamine ?

La technique la plus importante est d'être conscient d'une montée de dopamine et des signaux qui la causent. La conscience de soi t'aidera à atténuer le brouillard que la dopamine exerce sur ton processus de prise de décision.

La dopamine réagit à la pensée, à la vue, à l'odeur et au goût. C'est une impulsion qui t'encourage à satisfaire une envie, ici et maintenant. L'effet d'une montée de dopamine est au plus fort lorsque la récompense se trouve sous ton nez. Moins la récompense est disponible, plus tu as de chances d'y résister.

Si tu cèdes à chaque fois à la tentation lorsque tu vois une barre chocolatée sur ton bureau, place-la hors de ta vue. Le simple fait d'ouvrir un tiroir peut t'aider à exercer la maîtrise de toi-même. Encore mieux, sors la barre chocolatée de ta maison et récompense-toi seulement lorsque tu l'as programmé.

Si tu fais les courses, évite les rayons où se trouve la nourriture qui va déclencher ton centre de récompense. Pour encore plus d'autodiscipline, mange avant d'aller faire les courses pour être moins sensible aux odeurs et à la vue de la nourriture.

La dopamine recherche la gratification instantanée, ce qui est rarement en accord avec tes objectifs à long terme. Heureusement, le mécanisme qui rend la tentation si irrésistible s'affaiblit avec le temps. Si on fait attendre l'envie pendant environ 10 minutes, soit elle disparaît complètement, soit son intensité s'atténue.

Comment gérer une montée de dopamine lorsqu'un signal sous forme de pensée apparaît dans ton esprit ? On en revient à ton grand « pourquoi ». Reconnais ton envie pour ce qu'elle est et laisse cette impression se balader dans ton corps. Puis concentre-toi sur la raison pour laquelle tu y résistes. Si possible, trouve une récompense à court terme qui signale que tu te rapproches de l'objectif à long terme (par exemple, te regarder dans le miroir et voir un changement dans ton apparence).

Quoi que tu fasses, ne t'obsèdes pas à vouloir abandonner à tout prix la pensée de la tentation. Tout comme le fait de dire « ne pense pas à l'éléphant rose

» te fera penser à un éléphant rose, « ne pense pas à cette délicieuse part de gâteau sucré » te fera penser à ce que tu veux oublier.

## La dopamine peut aussi être ton amie

Bien que la dopamine puisse travailler contre toi, ce n'est pas un neurotransmetteur méchant qui attend juste de trouver une autre tentation pour briser tes objectifs à long terme (rire maniaque).

Son mécanisme peut aussi t'aider à modifier tes mauvaises habitudes et à les transformer en bonnes habitudes. Il peut aussi t'aider à développer de nouvelles habitudes et à les automatiser, rendant ainsi ton niveau d'autodiscipline superflu (puisque le comportement s'effectuera sans opposition).

La dopamine t'incite à céder à une tentation parce qu'elle attend une récompense. Elle réagit à un signal que ton cerveau a associé à un résultat spécifique, par exemple, l'afflux de sucre.

Cependant, les mauvaises récompenses ne sont pas les seules que souhaite ton centre de récompense. Si tu entraînes ton cerveau à réagir avec un afflux de dopamine à la vue de tes chaussures de course (grâce à la récompense qui viendra juste après, comme par exemple un smoothie), tu verras que tu auras envie d'aller dehors et de faire un jogging. Et le mieux, c'est que tu n'as même pas besoin d'exercer la maîtrise de toi-même : c'est la dopamine qui t'incite à effectuer cette tâche.

Le point clé de la dopamine, c'est qu'elle produit le plus puissant des afflux lorsque la récompense est en vue. Si tu veux former l'habitude de faire du jogging trois fois par semaine, tu peux l'associer à un smoothie quand tu rentres à la maison, ou bien lire un livre pendant une heure, ou faire une sieste dans l'après-midi. Lorsque ton cerveau commence à associer le signal (mettre tes chaussures de course) à la récompense (un smoothie), il t'aidera à te sortir du canapé.

Si tu es à plusieurs semaines, voire plusieurs mois de l'objectif, divise-le en tâches plus petites et récompense-toi pour chacune d'elles. La motivation va se développer au fur et à mesure que tu atteins de petites récompenses.

Un smoothie servi juste après l'effort va beaucoup plus te motiver que la vision d'être en forme dans plusieurs semaines ou plusieurs mois. Même quelque chose d'aussi simple que d'écouter ta musique préférée pendant que tu cours peut suffire pour t'aider à respecter ta nouvelle habitude.

Comment peux-tu te motiver en utilisant la promesse d'une récompense ? Qu'est-ce qui te fait bouger et qui peut rendre une corvée désagréable plus facile à effectuer ? Voici quelques récompenses que tu peux tester pour introduire de nouvelles habitudes dans ta vie avec moins d'opposition :

1. La nourriture. Évidemment, si tu essayes de perdre du poids, tu devrais te récompenser avec un goûter sain et peu calorique (des fruits, des noix, des légumes).

2. L'expérience. Les expériences nous procurent plus de bonheur que les choses[16]. Par conséquent, il est préférable de te motiver avec la promesse de sortir avec tes copains que d'acheter un nouveau vêtement ou un nouveau gadget (surtout si tu essayes de former l'habitude d'économiser de l'argent).

3. La musique. Des études montrent[17] que la musique réduit la perception de l'effort, d'une intensité d'exercice basse à modérée, de -10 %. La perspective d'écouter tes morceaux préférés tout en faisant ton jogging réduira l'opposition à faire bouger ton corps.

4. Faire une pause. Une technique classique de la gestion du temps, la technique Pomodoro, aide ceux qui tendent à la procrastination en divisant chaque tâche en blocs de 25 minutes. Après 25 minutes, tu fais une pause de 5 minutes. Programmer de telles pauses t'aide à te mettre au travail ; la promesse d'une pause produit une libération de dopamine et réduit le nombre de distractions.

5. Une sieste. Motive-toi à effectuer une tâche en te promettant une courte sieste après. Une courte sieste de 15 minutes augmentera ton attention[18] et t'aidera à te focaliser sur d'autres tâches pour le reste de la journée.

6. Planifie quelque chose d'agréable. Comme la vision des vacances est encore trop lointaine, une meilleure alternative est de te récompenser en

feuilletant des magazines ou en naviguant sur des sites de voyage et de rechercher des destinations potentielles. La planification est la moitié du plaisir, et cela fonctionne comme un charme pour te motiver à finir un projet.

7. Relâche la tension. Fais-toi faire un massage, fais un câlin à ton ami(e), médite, va au sauna, ou va te promener. Si tu sais qu'une récompense qui soulage ton stress t'attend après avoir terminé une certaine tâche, celle-ci sera plus facile à effectuer.

8. Nouveauté. La dopamine réagit à la nouveauté. Si tu as du mal à quitter ta maison pour aller à la salle de gym, trouve un nouvel exercice à essayer (essaye un mur d'escalade au lieu d'aller courir sur un tapis roulant, ou participe à une classe de mise en forme différente, ou change l'entraînement que tu fais). Si tu as du mal à t'en tenir à tes nouvelles habitudes alimentaires, mange quelque chose de nouveau (mais toujours une nourriture saine).

9. Variété. La variété fonctionne comme la nouveauté. Mélange les choses. Effectue moins d'exercices et plus de séries. Choisis, une route

différente à chaque fois que tu pars faire un jogging. Ajoute de nouvelles épices dans tes repas de base. Les petits changements peuvent être largement suffisants pour t'encourager à t'en tenir à tes objectifs.

# LA DOPAMINE, ENNEMIE ET AMIE À LA FOIS : BREF RÉCAPITULATIF

1. La dopamine te rend désireux d'obtenir une récompense qui est déclenchée par un signal spécifique. Identifie ce qui te cause les envies que tu veux abandonner, et attends que tes envies disparaissent.

2. Ne sois pas obsédé par l'idée de te débarrasser des pensées désireuses. Cela sera contre-productif et t'assujettira encore plus à céder. Accepte toutes les pensées qui te viennent à l'esprit et laisse-les disparaître naturellement, sans tension.

3. Utilise la dopamine pour te rendre désireux d'effectuer les actions qui te rapprocheront de tes objectifs. Associe un signal spécifique (mettre tes chaussures de course) à l'espoir d'une récompense (un smoothie délicieux et sain).

# Chapitre 4 : 5 façons pratiques d'entraîner ta discipline

Tu peux aussi introduire plus de discipline dans ta vie si tu fais l'effort de t'entraîner à contrôler tes envies et tes émotions. Il existe plusieurs techniques principales pour augmenter la maîtrise de soi et pour améliorer l'opposition à la gratification instantanée. Dans ce chapitre, nous allons couvrir les façons les plus efficaces pour faire cela.

## La méditation

La méditation entraîne ton esprit à se concentrer sur une chose : ta respiration. Cela prend beaucoup de volonté pour combattre les distractions et rester immobile, même quelques minutes. Des études montrent[19] que la méditation entraîne des changements de la substance blanche dans le cingulum antérieur, améliorant la maîtrise de soi.

Si tu as déjà lutté en méditant parce que ton esprit était constamment en train de sauter d'une pensée à l'autre, ne désespère pas. C'est une chose normale qui arrive à tout le monde. Même si tu ne médites que 5 minutes par jour, et que ton esprit est constamment en train de flâner, la simple pratique de ramener tes pensées à ta respiration va entraîner ton esprit. Bientôt, tu seras capable de te concentrer plus de 20 secondes.

Si tu veux introduire la méditation dans ta vie, commence doucement. Au début, je ne recommande pas de séances de plus de cinq minutes. Ça n'a l'air de rien, mais lorsque tu t'assois avec les yeux fermés et que tu essaies de te concentrer sur ta respiration, cela semble interminable.

Comment méditer correctement ? Bien que tu puisses lire un ou deux livres sur plusieurs sortes de méditation, cela n'est pas indispensable pour nos objectifs d'autodiscipline. La clé dans la méditation est de se concentrer sur l'instant présent et sur les sensations qui voyagent dans ton corps pendant que tu restes immobile. Voici une explication simple, étape par étape, de comment le faire.

1. Mets-toi dans une position confortable et reste immobile. Ne te mets pas debout et ne t'allonge pas ; assieds-toi en position verticale. Oublie les jambes croisées de la position du lotus que tu vois dans les films, sauf si tu es super souple. Les trois positions les plus communes pour débutants sont les suivantes :

- s'asseoir sur le rebord de la chaise avec le dos bien droit. Oui, cela peut être aussi simple que ça. Pas besoin de position exotique.

- s'asseoir les jambes croisées. C'est facile et commun parmi les débutants, mais je la trouve trop dure pour mon dos. Je préfère donc la troisième position...

- la position seiza. Plie tes jambes sous tes cuisses et repose ton fessier sur tes talons. Pour un meilleur confort, tu peux mettre un oreiller sous ton postérieur.

Tu peux utiliser une application pour limiter ta séance à 5 minutes ou mettre une sonnerie sur ton téléphone (mais n'utilise pas une sonnerie désagréable et trop forte qui pourrait provoquer une crise cardiaque).

2. Ferme les yeux et concentre-toi sur ta respiration. Une manière de faire qui fonctionne bien est de simplement compter : un (inspire), deux (expire), un (inspire), deux (expire). Tu peux aussi compter chaque respiration jusqu'à ce que tu atteignes le chiffre 100. Au début, ne t'attends pas à aller au-delà de 20 avant de perdre ta concentration. Une fois que tu t'améliores, tu peux arrêter de compter tes respirations et te focaliser sur le ressenti général de ton corps.

3. Concentre-toi sur les sensations dans ton corps tout en inspirant et expirant. Commence par tes pieds et remonte, en essayant de détendre chaque petit muscle.

Tu seras surpris de voir la quantité de tension que tu peux emmagasiner dans certaines parties de ton corps, y compris des tensions dans des endroits dont tu n'étais pas conscient avant, tel que ton menton.

Si tu perds ta concentration, ramène-la à tes respirations et aux sensations dans ton corps. Tu ne fais rien de mal si tu perds ta concentration ; cela fait partie du processus.

Répète cette pratique chaque jour. La plupart des gens le font le matin, mais ça n'a pas d'importance à partir du moment où tu l'inclus dans ta routine quotidienne.

Ne fais pas de séances plus longues jusqu'à ce que tu puisses être confortablement assis de manière immobile pendant 5 minutes. Il est préférable d'ajouter une minute de plus chaque semaine, plutôt que de te décourager lorsque tu passes à quinze minutes et que tu te trouves incapable de te concentrer.

## Les douches froides

Quoi ? Je ne suis pas sadique, je le jure !

Prendre des douches froides est une idée optionnelle pour les gens qui ont envie d'essayer des choses qui sortent du conventionnel. Pourquoi les douches froides amélioreraient-elles ton autodiscipline ? Prends-en une et tu le découvriras par toi-même. Cela ne suffit pas pour te persuader ? Ok, voici une explication plus longue.

Prendre des douches froides te force à endurer un sentiment douloureux pour des avantages à long terme (qui sont très bien documentés[20]). Cela demande beaucoup de volonté de ne pas vouloir bondir hors de la douche ou ouvrir le robinet d'eau chaude.

J'ai pris des douches glacées de 5 minutes pendant deux mois, ce qui m'a aidé à explorer comment la maîtrise de soi fonctionnait. Après la première douche froide que j'ai prise, mon corps était entièrement engourdi.

Quelques douches plus tard, je me suis rendu compte que c'était surtout la première ou les deux premières minutes qui étaient les plus difficiles. Une fois que j'avais enduré les premières 60 à 120 secondes, je pouvais supporter le temps qu'il me restait avec peu de douleur, voire avec plaisir.

Une fois que j'ai découvert que les deux premières minutes étaient les plus difficiles, j'ai remarqué une réaction similaire alors que j'essayais de résister à une tentation. C'est rassurant de voir que les choses deviennent plus faciles une fois que l'on a passé les 120 premières secondes.

Je ne crois pas nécessairement que tu doives continuer de prendre des douches froides pour le reste de ta vie. Après tout, on ne développe pas l'autodiscipline pour rendre notre vie misérable.

Par contre, c'est une bonne idée de prendre des douches froides pendant une semaine ou deux, pour faire une expérience à court terme. Tu apprendras beaucoup de choses sur tes limites. Tu comprendras lorsque tu franchiras la limite de « je vais geler », à « je peux le supporter », puis à « ce n'est pas si difficile ». Bientôt, tu mettras ces résultats en pratique dans d'autres domaines de ta vie, plus particulièrement pendant un exercice physique intense.

## Jeûner

Tous les 9 mois du calendrier lunaire islamique, des millions de musulmans adultes jeûnent entre l'aube et le crépuscule. Une des raisons de cette forme de culte est le désir de pratiquer la maîtrise de soi et de s'entraîner à devenir une personne meilleure.

S'abstenir de manger fonctionne un peu comme prendre des douches froides, bien que cela t'aide à développer l'autodiscipline à long terme. Une douche froide prend 5 minutes, alors que le jeûne exige au moins 14 à 16 heures par jour pour en tirer profit.

La tentation de briser le jeûne et de manger est toujours présente, jusqu'au moment où tu t'habitues à la nouvelle façon de manger. Ce n'est pas quelque chose qui convient à tout le monde, mais cela ne te fera pas de mal d'essayer d'en faire l'expérience et de voir comment celle-ci affecte ta volonté.

Des études montrent que le jeûne occasionnel à des effets bénéfiques sur le système cardiovasculaire et le système cérébrovasculaire[21] et représente une habitude alimentaire potentielle pour le bon vieillissement du cerveau[22]. C'est aussi une pratique puissante pour développer ton autodiscipline.

Tout comme avec les douches froides, le jeûne ne doit pas obligatoirement faire partie inhérente de ta vie. Simplement jeûner une fois par semaine (par exemple, tu peux arrêter de manger à 18 heures un jour et recommencer à manger le lendemain à 18 heures) t'aidera à mettre ton autodiscipline en pratique.

Un autre avantage du jeûne est que tu vas développer une relation plus saine à la nourriture et peut-être même perdre du poids. Tu n'as pas besoin de manger cinq repas par jour pour perdre de la graisse[23] ou pour parer à la faim[24]. Le jeûne ne réduit pas non plus ta performance cognitive, ton sommeil ou ton humeur[25].

Je jeûne entre 16 et 20 heures par jour et cela n'a fait qu'améliorer ma vie. Je ne ressens plus la faim extrême (je trouve toujours cela drôle lorsque mes amis meurent de faim quelque heures après avoir mangé un repas) et les repas ne contrôlent plus mes horaires (parfois, je ne mange même pas jusque tard le soir).

Je recommande fortement de jeûner, au moins occasionnellement. Tu peux sauter un repas ou deux, arrêter de manger une journée entière, ou changer temporairement tes habitudes alimentaires (tu peux toujours y revenir si tu trouves que cela ne te convient pas).

## Contrôle les petites choses et surveille-toi

Tout comme la méditation peut t'aider à devenir plus discipliné en te concentrant sur l'action de respirer, des petits défis dans ta vie de tous les jours peuvent t'aider à améliorer la maîtrise de soi.

Par exemple, beaucoup de gens ont tendance à s'affaler (ce que tu es peut-être en train de faire maintenant). Relève le défi de garder le dos bien droit tout au long de la journée.

Est-ce que tu as l'habitude de jurer lorsque tu es dans un embouteillage ? Résiste à la tentation et concentre ton esprit sur quelque chose de plus positif. Plus de maîtrise de soi t'aidera à mieux gérer ta colère.

Est-ce que tu ne fais pas ton lit quand tu te lèves ? Résiste à la tentation de le laisser défait et passe deux minutes à faire un lit parfait, comme si tu attendais la visite de quelqu'un.

Est-ce que tu veux toujours prouver aux autres qu'ils ont tort ? Utilise la maîtrise de toi-même pour éliminer ce comportement et garder ta langue dans ta poche.

Tu peux aussi utiliser quelques outils en ligne et des applications qui peuvent suivre les petites choses dans ta vie : tes habitudes dépensières, le temps passé à naviguer des sites de divertissement, le temps passé à regarder la télévision. Ton auto surveillance t'aidera à relever de nouveaux défis qui t'aideront à améliorer la maîtrise de soi.

Commence par une petite chose et améliore ton contrôle de celle-ci. Augmente la difficulté en choisissant une chose un peu plus dure à contrôler. Continue de te lancer des défis pour gagner plus de contrôle sur les petites choses dans la vie que tu fais par habitude, sans y penser.

## Va au-delà de la première sensation de fatigue

Sir Roger Bannister, qui fut le premier homme à courir un mile (1,6 kilomètres) en moins de 4 minutes en 1954, a dit en 2000, « C'est le cerveau, pas le cœur ni les poumons, qui est l'organe essentiel, c'est le cerveau[26] ».

Des études montrent[27] que la première sensation de fatigue est une émotion, non le signal que ton corps est épuisé et ne peut plus continuer. Par conséquent, tu peux apprendre à exercer plus d'autodiscipline lorsque tu décides d'aller plus loin que la première sensation de fatigue et voir jusqu'à quel point tu peux te surpasser.

Évidemment, le domaine dans lequel cela sera le plus facile à mettre en pratique, c'est l'exercice. Si tu vas à la gym, n'aie pas peur d'aller au-delà de tes limites initiales et vois si tu peux les dépasser. Par contre, le faire de manière sécurisée doit être ta priorité : fais-le correctement et avec un observateur pour t'aider.

Je le fais de temps en temps à la gym, et cela m'aide à explorer mes vraies limites et à découvrir que souvent, c'est juste mon esprit qui me limite à accomplir plus.

Si tu cours de longues distances, force toi à battre ton propre record et finis ta distance habituelle en moins de temps, ou cours plus loin. Tout comme avec l'haltérophilie, ne te fais pas mal pendant le processus, ne te blesse pas en poussant trop loin.

Aller au-delà de la première sensation de fatigue t'aidera à repousser tes limites et à augmenter tes aptitudes à te contrôler sous une pression submergeante. Après tout, si tu peux pousser au-delà d'un épuisement extrême et compléter encore un exercice avec une barre lourde sur le dos, tu peux aussi résister à la tentation de manger une barre chocolatée, non ?

# 5 FAÇONS PRATIQUES D'ENTRAÎNER TA DISCIPLINE : BREF RÉCAPITULATIF

1. La méditation t'aide à entraîner ton autodiscipline en te forçant à ne te concentrer que sur ta respiration. Elle t'apprend aussi comment résister aux distractions et à vivre l'instant présent. Si tu veux commencer à méditer, commence par des petites séances de 5 minutes.

2. Les douches froides, même si elles sont très douloureuses les deux premières minutes, peuvent t'aider à mieux gérer les défis. Par conséquent, tu seras plus au contrôle quand tu seras face à une tentation submergeante de céder.

3. Jeûner, même occasionnellement, t'aidera à mieux contrôler tes envies. Cela est particulièrement utile à quelqu'un qui veut changer sa relation à la nourriture et améliorer le contrôle de ses envies.

4. Apprendre à contrôler les petites choses peut t'aider à contrôler des choses plus importantes. Prends cela comme un exercice et commence à

surveiller de simples choses. Puis, passe à des choses plus dures.

5. Teste tes limites. La première sensation de fatigue est la réaction de ton corps confrontée au stress, mais cela ne veut pas dire que tu ne peux pas continuer. Repousse tes limites pour voir quelle quantité supplémentaire de maîtrise de soi tu peux extraire.

# Chapitre 5 :
# L'autodiscipline (ou son absence) est contagieuse

Ross Hammond a mené une étude concernant le rôle de l'influence sociale sur l'épidémie d'obésité. Ses conclusions confirment que l'influence sociale est un facteur majeur concernant l'obésité[28].

En d'autres termes, notre famille et nos amis peuvent nous « infecter » avec l'obésité. S'ils peuvent nous rendre susceptibles de prendre du poids, ils peuvent aussi très certainement influencer d'autres domaines de notre vie.

Un jour, le conférencier motivationnel Jim Rohn, a fait la fameuse déclaration que nous sommes la moyenne des 5 personnes avec qui nous passons la plupart de notre temps. Bien que ses dires ne soient fondés sur aucune preuve scientifique, il est difficile de débattre sur ce point. La famille et les amis influencent tous les aspects de notre vie. Nous imitons leurs dires, leurs comportements, leurs habitudes et leurs opinions.

C'est pareil pour l'autodiscipline. Si tous tes amis passent des heures devant la télévision et que depuis des années leurs muscles n'ont pas été réellement exercés, il est plausible que tu sois comme eux. S'ils ont des soucis d'obésité, il y a des chances que toi aussi, tu en aies (et que vous ayez l'habitude d'aller manger dans les fast-food ensembles).

Si tu veux obtenir plus d'autodiscipline dans ta vie, envisage de t'entourer de l'énergie propice à un changement positif. Cependant, cela ne veut pas dire que tu dois laisser tomber tous tes amis. Bien que tes amis et ta famille aient une influence importante sur ta personnalité, tu peux aussi utiliser des livres et internet pour t'entourer d'une énergie différente.

Par exemple, aucun de mes amis n'est fou du sport. En fait, je suis le seul qui va religieusement à la gym trois fois par semaine depuis longtemps.

Les habitudes de mes amis auraient pu m'influencer, mais ce n'est pas le cas.

La raison en est simple : je m'entoure de beaucoup de gens qui sont orientés vers la réussite, dans des forums et des groupes variés. Bien que je ne connaisse aucune de ces personnes mieux que mes amis proches, la mentalité de ces amis en ligne est contagieuse et me motive à viser plus haut.

Les défis que d'autres personnes se lancent et qu'elles partagent en ligne m'inspirent à travailler moi aussi sur mon autodiscipline et à repousser mes limites. Je suis sûr que s'il n'y avait pas internet, j'aurais beaucoup plus de mal à résister à la tentation de faire les choses de la manière la plus facile et confortable, me menant à une gratification instantanée, mais pas au-delà.

J'ai un ami d'enfance qui avait commencé à traîner avec des gens moins qu'ambitieux. Quelques mois plus tard, sa vie quotidienne était pratiquement la même que celle de ces gens - jouer aux jeux vidéo, traîner à ne rien faire et consommer quotidiennement des substances malsaines.

C'est seulement lorsqu'il a coupé les liens avec ces gens quelques années plus tard que sa vie s'est améliorée. Il s'est remis dans le droit chemin, vers des changements positifs dans sa vie et son autodiscipline s'est tellement améliorée qu'il s'est débarrassé de pratiquement toutes les mauvaises habitudes qu'il avait « contractées » en étant en contact avec ces gens.

Comme on dit, c'est avec les loups qu'on apprend à hurler.

## Sois bien entouré

Le principe 80/20 évoqué plus haut dans le premier chapitre peut aussi être mis en pratique dans nos relations. 20% de tes amis apportent 80% du plaisir social. Si tu penses à ton réseau social, tu peux sûrement identifier en quelques secondes quelles sont les personnes qui te donnent le plus de plaisir. Si tu es en train de lire ce livre, c'est sûrement des gens qui partagent ta mentalité orientée sur le développement personnel.

De l'autre côté du spectre, il y a les gens qui ont une influence négative sur ta vie. Bien souvent, ce sont des gens que tu n'aimes pas vraiment, mais que tu continues de fréquenter par (mauvaise) habitude.

Tu sais de qui je parle ; les gens qui se plaignent constamment, ceux qui accusent toujours les autres, ceux qui te critiquent quand tu essayes d'atteindre tes objectifs.

Si tu veux avoir plus d'autodiscipline, réduis le temps que tu passes avec les gens qui n'ont pas de discipline. Leur comportement, même si tu ne le cautionnes pas, peut facilement t'affecter.

Pour te donner un exemple, si tu vois une énorme portion de frites dans l'assiette de ton ami, tu vas sûrement penser que tu t'en sors bien avec ton nouveau régime. Cela peut te tenter de faire une exception et d'aller te chercher une assiette de restauration rapide, toi aussi (ce qui ravira ton ami et te fera du tort).

D'un autre côté, si tu traînes avec des gens qui ont des habitudes que tu aimerais introduire dans ta vie, tu auras plus de facilité à atteindre cet objectif. Si tous tes amis allaient à la gym, ce serait plus facile pour toi de former une habitude similaire.

# Trouve-toi un modèle d'autodiscipline

Certaines personnes ont la chance d'avoir un mentor dans leur vie. D'autres doivent trouver leur modèle, généralement dans les livres. Dans les deux cas cependant, tu peux trouver une personne qui a les qualités que tu veux posséder.

Par exemple, un de mes modèles est Richard Koch, le multimillionnaire anglais connu pour son principe 80/20. Chaque fois que je tente de compliquer ma vie et que je me concentre sur le volume plutôt que sur la qualité, je me rappelle de ce qu'il ferait.

C'est juste un de mes mentors qui (sans le savoir) m'aide à m'en tenir à mes résolutions et à continuer sur le chemin qui mène à la destination que je me suis donnée.

Qui est ton modèle d'autodiscipline ? De qui aimerais-tu posséder les qualités, les habitudes et les valeurs ? Il n'y a pas besoin que ce soit quelqu'un de célèbre ; les membres de ta famille peuvent aussi être d'excellents modèles.

Maintenant, que fait cette personne quand elle est tentée de briser sa résolution ? Que dirait-elle si elle te voyait en train de manger cette barre chocolatée au lieu de t'en tenir à tes nouvelles habitudes alimentaires ?

## Trouve-toi un partenaire d'autodiscipline

Si tu essayes de former une nouvelle habitude que l'un de tes amis est aussi en train d'essayer d'introduire dans sa vie, devenez partenaires pour vous motiver et responsabiliser l'un l'autre.

Ton autodiscipline combinée à celle de ton ami produira un effet synergique qui t'aidera à continuer même les jours où tu voudrais abandonner.

## Ignore les ennemis

Chaque fois que tu vas te fixer un objectif dans ta vie, tu vas utiliser l'autodiscipline pour t'aider à dire non à la gratification instantanée et garder la vision globale à l'esprit.

Malheureusement, avec le succès viennent les ennemis : les gens qui ne t'aiment pas parce qu'ils sont jaloux de ta réussite. Ces individus ne sont même pas forcément des gens anonymes sur internet, il peut s'agir de quelqu'un de ta famille ou d'un de tes amis (au lieu de s'y prendre de manière flagrante, ils cachent leur mépris derrière la plaisanterie).

Alors qu'il est tentant de leur répondre, c'est un bon exercice d'autodiscipline de te concentrer sur tes objectifs et de ne pas prêter attention à de telles distractions. Le temps et l'énergie que tu dépenserais à essayer de les faire changer d'attitude (ce qui n'est pas prêt d'arriver), devraient plutôt être mis au service de ta propre amélioration.

J'aime dire qu'il y a toujours du bon dans les mauvaises choses qui nous arrivent. C'est pareil pour les ennemis. J'utilise l'incrédulité (ou la jalousie) des autres comme motivation pour m'en tenir à mes objectifs à long terme.

Pour te donner un exemple, si quelqu'un te disait avec méchanceté que tu n'es pas différent d'il y a quelques mois (malgré tes séances d'entraînement régulières), tu pourrais utiliser cela comme un carburant pour tes séances. Tu pourrais viser à lui donner tort, mais sans l'intention de l'affronter ou de lui mettre en pleine figure. Bien au contraire, tu prendrais plaisir à atteindre tes objectifs en dépit des autres. Comme on dit, bien vivre est la meilleure des revanches.

S'il y a quelqu'un autour de toi qui te rend fou avec ses remarques méchantes, canalise ton énergie vers tes objectifs. Comme exercice supplémentaire, tu apprendras comment résister à la tentation de te disputer avec quelqu'un (jamais rien de bon ne résulte d'une dispute).

# L'AUTODISCIPLINE (OU SON ABSENCE) EST CONTAGIEUSE : BREF RÉCAPITULATIF

1. Les gens de ton entourage peuvent affecter ton autodiscipline. Si tu traînes avec des gens qui exhibent des habitudes négatives, il y a des chances que tu les développes aussi. Si tu passes du temps avec des gens orientés vers le développement personnel, il y a des chances que tu te développes aussi.

2. Trouve-toi un modèle d'autodiscipline ou un partenaire d'autodiscipline. Chaque fois que tu seras tenté d'abandonner, pense à quel point ton partenaire ou ton mentor serait déçu s'il te voyait céder à tes envies.

3. Ignore les gens qui voudraient te voir échouer, car tu leur donnes raison d'être des ratés. Si cela te motive, utilise leur énergie négative pour te pousser à atteindre ton objectif.

# Chapitre 6 : 7 pièges qui mettent ton autodiscipline au défi

Il existe beaucoup de pièges qui peuvent défier ta décision de développer ton autodiscipline et ta résistance à certaines tentations. Dans ce chapitre, nous allons couvrir certains des dangers les plus communs pour la maîtrise de soi.

## Ton futur toi n'est pas aussi différent que tu ne le penses

Des études montrent[29] qu'à cause d'un phénomène appelé réduction temporelle, les gens donnent plus de valeur aux gains immédiats qu'aux récompenses futures. De plus, ils considèrent leur propre personnalité future comme une étrangère. Résultat, tu risques de ne pas réussir à économiser de l'argent pour le futur (après tout, pourquoi économiser pour un étranger ?) et de ne pas introduire d'autres changements qui te seraient bénéfiques à long terme.

Le taux auquel les gens échangent des dollars présents pour des dollars futurs est connu sous le nom de taux d'actualisation personnel. Un taux d'actualisation personnel élevé est positivement corrélé à l'impulsivité. Des recherches montrent que les héroïnomanes ont un taux d'actualisation pour les récompenses différées plus élevé que celui des gens qui ne se droguent pas[30]. Pour un exemple plus commun du quotidien, les gens qui ne se droguent pas et qui ont un taux d'actualisation élevé, préféreraient obtenir une barre chocolatée maintenant plutôt que deux dans une heure.

Une étude faite d'après les informations du programme de réduction militaire du début des années 90[31] montre que les gens qui avaient le choix entre une rente annuelle et une prime moins importante immédiate, avaient choisi la deuxième option, quand bien même ils recevraient au minimum 17 % d'argent en moins[32] en choisissant la gratification instantanée.

Des études menées par Elke U. Weber et ses collègues[33] suggèrent une solution à ce problème. Au lieu de penser aux raisons pour lesquelles tu choisirais la gratification instantanée, pense d'abord à la récompense future.

Cette astuce étrange change l'ordre des choses dans ton esprit, te faisant choisir entre une récompense future et une consommation accélérée (lorsque c'est plus facile de résister à la tentation que tu peux obtenir maintenant parce que tu ne veux pas perdre la vision) au lieu de la gratification instantanée et une consommation différée (lorsque c'est plus dur de résister à la tentation parce que tu ne veux pas perdre la récompense immédiate).

Par exemple, lorsque tu vois une barre chocolatée sur ton bureau, pense à la récompense future d'abord (un esprit sain et un corps sain) et ensuite compare cela à la récompense immédiate (une brève dose d'énergie). Ton esprit ne considérera le deuxième choix moins attirant que si tu changes l'ordre et traites la gratification différée comme la perte de la barre chocolatée.

Visualiser ton futur toi - que tu te motives en imaginant le « toi » que tu as peur de devenir ou celui que tu espères devenir, est une autre technique qui peut améliorer la maîtrise de soi.

Les scientifiques de l'université McMaster ont mené une expérience[34] qui prouve l'efficacité de cette technique. Les gens qui imaginaient leur futur soi (que ce soit celui dont ils ont peur ou celui qu'ils espèrent devenir) ont rapporté qu'ils faisaient plus d'exercice. Une autre étude[35] confirme que penser à son futur soi est une manière efficace de différer la gratification.

Essaye les deux approches : passe une minute ou deux à penser à la meilleure version de toi, à la personne que tu veux devenir. Puis imagine la pire version de la personne que tu ne veux jamais devenir. Quelle image te motive le plus à t'en tenir à tes objectifs et à dire non à la gratification instantanée ?

N'oublie pas que cet exercice n'est pas celui de visualiser ta réussite, il sert simplement à rapprocher ton futur « toi » pour t'encourager à prendre soin de ton futur.

## « J'attends d'avoir envie de le faire » : est-ce que tu crées des excuses ou bien des changements ?

« J'attends d'avoir envie de le faire ». En d'autres termes, cela signifie « jamais ».

Si tu te trouves en train de te convaincre que tu vas le faire dès que tu en auras envie, revois tes objectifs. L'autodiscipline dépend de ta motivation. Sans motivation, il y a peu ou pas de maîtrise de soi, peu importe à quel point tu es ordinairement discipliné.

Tu te souviens de mon anecdote à l'université ? J'aurais dû m'écouter avant de m'inscrire. Chacun de nous prend parfois les mauvaises décisions et fixe les mauvais objectifs. Si tu te trouves constamment en train de procrastiner, il y a des chances que ton objectif ne soit pas le bon.

Que se passerait il si tu créais de telles excuses avec des habitudes fondamentales importantes ? Là, il serait temps de retourner à la case départ et de trouver un « pourquoi » plus puissant. Disons que la raison pour laquelle tu voulais perdre du poids était de rendre les autres jaloux de ton nouveau corps. Si tu te trouves constamment en train de repousser le jour où tu vas commencer ton nouveau régime, peut-être que c'était une mauvaise raison.

En général, un objectif puissant et encourageant repose sur une motivation personnelle. Tu obtiendras beaucoup plus d'entrain en suivant un besoin intrinsèque de devenir une meilleure personne, qu'en essayant de plaire à tout le monde, ou de rendre quelqu'un jaloux, ou d'atteindre ton objectif en jouissant d'autres bénéfices extrinsèques triviaux (les hommes qui font de la musculation pour attirer les femmes, les femmes qui veulent maigrir pour séduire les hommes).

Bien qu'il soit tout à fait correct d'utiliser une motivation triviale dans ton « pourquoi », les raisons principales des changements que tu veux obtenir devraient venir du plus profond de toi (ton propre désir d'être en bonne santé, d'être plus fort, plus riche, etc.).

Des recherches effectuées dans un contexte académique de motivation[36] suggèrent que les objectifs personnels intrinsèques (santé, développement personnel, affiliation, contribution à la communauté) augmentent davantage la persévérance à court et à long terme à apprendre, que les objectifs personnels extrinsèques (célébrité, apparence physique, réussite financière).

Trouve un « pourquoi » puissant qui te poussera à continuer après que la première dose de motivation ait fait son effet, laissant place à la dure réalité dans laquelle la réussite exige que l'on s'y colle ; même lorsqu'il pleut, même lorsque tu n'as pas envie, même lorsque tu préfères retourner à tes vieilles habitudes et céder à tes tentations.

## Le syndrome du faux espoir

Le syndrome du faux espoir réfère au comportement de fixer des attentes irréalistes concernant la rapidité, la quantité, la facilité, et les conséquences des changements que tu vas apporter dans ta vie[37].

C'est un peu comme un cercle vicieux. Les gens qui sont les victimes de ce syndrome essayent fréquemment de changer, mais échouent à chaque fois, car ils se fixent des objectifs impossibles.

La première phase du changement, à savoir prendre la décision de changer et fixer un objectif irréaliste, te donne un élan d'espoir puissant qui te fait du bien. C'est la gratification instantanée typique : tu n'as rien accompli, mais tu te sens déjà sur le toit du monde (ou à quelques centimètres de l'atteindre).

Le syndrome du faux espoir te fait fixer des objectifs irréalistes parce que tu es surexcité de les atteindre.

Les gens me disent que je peux perdre de 1 à 1,5 kilos par semaine ? Laisse tomber, je peux perdre 5 kilos. Je serai mince et sexy dans trois semaines ! »

Aucun entrepreneur n'a réussi avec sa première idée d'affaire ? Tu parles, je serai multimillionnaire dans un an ! »

Il y a une limite à la quantité de muscle que mon corps peut prendre en une semaine ? Mais non, c'est absurde. Je vais prendre 15 kilos en 6 semaines comme ce type dans la publicité. »

Chacun de ces exemples met la personne sur la voie de l'échec. Une fois qu'elle commence à faire de vrais changements en gardant la tête froide, elle verra à quel point son objectif est difficile et à quel point il est improbable qu'elle l'atteigne. L'illusion tourne très vite à la résignation, qui, à son tour, mène à briser ses résolutions. Et en un claquement de doigts, elle est de retour à la case départ.

Bien qu'il soit admirable d'essayer encore et encore, il est stupide de céder tout le temps pour la même raison. La prochaine fois que tu établis des objectifs (et surtout s'ils sont en rapport à des choses dont tu n'as qu'une petite idée), fixe ton esprit sur les étapes que tu dois effectuer pour atteindre ton objectif.

Et même si rêver grand est une qualité admirable, renseigne-toi sur ce que la plupart des gens atteignent et, ajuste tes objectifs en conséquence. Grâce à cette petite modification dans ton comportement, tu ne seras pas découragé de ne pas atteindre tes attentes (irréalistes).

## L'épuisement décisionnel

Une étude menée sur des juges a révélé une découverte inquiétante[38] : lorsque les juges étaient fatigués de rendre des jugements en série, leur tendance était de s'en tenir au statu quo. Plus précisément, le pourcentage de décisions favorables tombait progressivement de 65 % à presque zéro au cours de chaque session de jugements, et remontait à 65% après une courte pause.

Une étude sur la prise de décision et la maîtrise de soi[39] a démontré que d'avoir de nombreux choix à faire conduisait à la réduction de la maîtrise de soi (révélée, entre autres choses, par une diminution de la persévérance et une augmentation de la procrastination).

Le Président Obama a dit une fois dans une interview, « vous voyez que je ne porte que des costumes gris ou bleus. J'essaye de réduire les décisions que j'ai à prendre. Je ne veux pas prendre de décisions sur ce que je mange ou ce que je porte ; j'ai beaucoup trop d'autres décisions à prendre[40]. »

Sa décision de réduire le nombre de décisions qu'il a à prendre tous les jours l'aide à en prendre de meilleures lorsqu'il fait face à des choses plus importantes que la couleur de son costume.

Dean Spears de l'université de Princeton, traite dans son épreuve[41] de l'épuisement décisionnel, disant que c'est l'une des raisons pour lesquelles les pauvres restent pauvres. Comme ils ont moins d'argent à dépenser, à chaque compromis financier leur maîtrise d'eux-mêmes diminue, à la différence de ceux qui ont un revenu disponible plus important. Quand le pauvre arrive pour payer, il ne résiste pas à la tentation d'acheter les produits qui sont exposés en bout de caisse, dépensant ainsi plus d'argent qu'il n'en avait l'intention.

Des études montrent aussi que l'épuisement décisionnel peut mener à éviter de prendre des décisions. En présence de trop de choix, les gens ont tendance à s'en tenir au statu quo[42]. Si tu essayes de faire un changement positif dans ta vie, cela peut signifier choisir la mauvaise nourriture que tu as l'habitude de manger, plutôt que de choisir une alternative alimentaire plus saine.

Tu peux aussi apprendre de ces observations et réduire l'effet de l'épuisement décisionnel sur ton autodiscipline. L'essentiel est dans la simplification.

Tout d'abord, réduis le nombre de décisions triviales que tu prends dans ta vie.

Par exemple, passe moins de temps et d'énergie le matin à choisir quels vêtements tu vas porter. Selon le principe 80/20, 80 % du temps est destiné à choisir, et 20 % à porter tes vêtements. Réduis le nombre de décisions non-essentielles en faisant du rangement dans ton armoire et en donnant les vêtements que tu ne portes plus.

Le moyen le plus facile pour te débarrasser des vêtements que tu ne portes plus est de te poser une question simple : « Si ce n'était pas déjà à moi, combien serais-je prêt à payer pour ça ? ». Si tu ne voulais rien payer (ou payer très peu), pourquoi le garder ?

Une autre façon d'éviter l'épuisement décisionnel est de réduire le nombre de choix. Par exemple, si tu es dans un restaurant et que tu as du mal à choisir un plat, choisis les deux premiers qui ont attiré ton attention et décide entre ces deux-là. Encore mieux, demande à la serveuse de décider pour toi (tu auras ainsi plus de maîtrise de toi-même pour pouvoir résister au dessert).

Dernier point mais non des moindres, utilise les conclusions de l'étude sur les juges. Si tu veux prendre la bonne décision, fais-le après une pause, pas avant. Et pour mettre toutes les chances de ton côté, fais-le un matin avant d'avoir une centaine d'autres petites décisions à prendre dans la journée.

## Le stress

N'as-tu jamais cédé à une tentation à laquelle tu t'étais engagé de résister, parce que tu étais en colère ou stressé ?

Eh bien, une meilleure question serait de demander qui ne l'a pas fait.

Une étude australienne[43] faite sur des étudiants montre que le stress épuise la volonté. Les étudiants qui étaient stressés à cause d'examens rapportaient une augmentation de leur consommation de cigarettes et de caféine. Leur régime alimentaire et leur sommeil se détérioraient, ils avaient du mal à contrôler leurs émotions, faisaient moins d'exercice, prêtaient moins d'attention aux tâches ménagères et à leurs soins personnels. Ils prêtaient aussi moins attention à leurs engagements et à leurs dépenses.

Dès que l'on est de mauvaise humeur, le cerveau commence à chercher une solution pour se sentir mieux. D'habitude, cela signifie trouver un moyen facile d'obtenir une récompense. Et ainsi, tu te tournes vers la chose que tu essaies d'éviter : des activités qui créent une libération de dopamine telles que manger, boire, fumer, faire du shopping, naviguer sur le net, jouer à des jeux vidéo, et ainsi de suite.

La plupart des gens sous-estiment l'effet du stress sur leurs vies. Tout va bien, jusqu'à ce que plus rien n'aille, ton corps s'effondre et tu n'as plus d'énergie pour faire face aux tâches quotidiennes, encore moins pour la maîtrise de soi pour t'améliorer.

Puisque l'activité physique est l'un des meilleurs moyens de réduire le niveau de stress, cela doit être la première habitude fondamentale que tu dois introduire dans ta vie. Si tu fais déjà de l'exercice régulièrement, voici quelques autres façons de réduire ton stress :

1. Lis un livre. Lire un livre en silence est une façon simple d'oublier le monde autour de soi et de retrouver de l'énergie.

2. Fais une balade (surtout dans la nature). Des études montrent[44] que faire de l'exercice dans des espaces verts tels que des forêts ou des parcs favorise le bien-être et la récupération du stress.

3. Fais de la méditation. Nous avons déjà discuté de son pouvoir.

4. Fais-toi masser. Certaines personnes pensent encore qu'il est assez gênant de se faire masser par un étranger, même si l'on a prouvé[45] que c'était un moyen puissant d'atténuer le stress.

5. Passe du temps en famille ou avec tes amis. Apprécier la compagnie de gens qui te sont proches t'aidera à oublier tes soucis. Une fois que tu te concentreras de nouveau sur tes problèmes, ils seront plus faciles à résoudre.

6. Fais des câlins ou aie des rapports sexuels. L'intimité physique (même une simple embrassade) crée une libération d'ocytocine et de sérotonine, deux hormones puissantes qui réduisent le stress.

7. Écoute de la musique. La musique aide à réduire le stress et à améliorer l'humeur[46]. Des études ont aussi révélé[47] qu'elle peut aussi avoir un effet bénéfique sur la douleur.

La clé pour résoudre le stress efficacement est de se concentrer sur des techniques qui fournissent une réduction prolongée du stress, pas simplement une brève libération de tension.

## L'effet Dunning-Kruger, l'illusion de sang-froid et l'écart d'empathie

En 1995 à Pittsburg, en Pennsylvanie, un homme du nom de McArthur Wheeler avait décidé de dévaliser une banque. Au lieu de porter une cagoule comme n'importe quel autre cambrioleur, il s'était barbouillé le visage de jus de citron, avait pris son arme et était sorti de chez lui. Sa logique : le jus de citron peut être utilisé comme encre invisible qui ne peut être vue que lorsqu'on tient le papier près d'une source de chaleur. Par conséquent, il en conclut que les caméras de sécurité ne verraient pas son visage.

Je t'entends rire.

Il faisait grand jour quand il décida d'entrer dans la première banque et demanda l'argent, son arme à la main, et sans masque sur le visage. Il avait du jus de citron magique, tu te souviens ?

Puis il alla cambrioler une deuxième banque. Quelques heures plus tard, la police regarda la bandevidéo des caméras de surveillance des banques et décida de montrer le visage du cambrioleur au journal télévisé du soir.

Une heure plus tard, un informateur identifia McArthur Wheeler. Quand il vit la police sur le pas de sa porte, Wheeler dit d'un ton surpris, « Pourtant j'avais du jus de citron sur le visage. »

Sérieusement, ce n'est pas possible d'inventer un truc pareil.

Le cambriolage génial de Wheeler inspira deux scientifiques de l'université de Cornell, David Dunning et Justin Kruger, à faire des recherches sur l'incompétence et l'auto-évaluation excessive.

Le résultat de leurs études[48] est ce que l'on connaît maintenant sous le nom de l'effet Dunning-Kruger, un biais cognitif qui amène les personnes les moins compétentes à surestimer leurs compétences et les plus compétentes à les sous-estimer. La seule façon pour le moins compétent de réaliser la limite de ses compétences, est d'améliorer ces mêmes compétences qu'il est persuadé de posséder.

Une étude plus récente[49] montre que les gens surestiment leur aptitude à contrôler leurs impulsions telles que la faim, l'envie de drogue et l'excitation sexuelle. Cela s'appelle l'illusion de sang-froid. Lorsque tu crois, de manière excessive, que tu peux contrôler tes impulsions, tu es plus enclin à te surexposer aux tentations.

Un autre biais en relation avec cela s'appelle l'écart d'empathie chaud-froid, par lequel les gens qui se trouvent dans l'état froid (par exemple, ils n'ont pas faim), ont tendance à sous-estimer le pouvoir des impulsions lorsqu'ils sont dans l'état chaud (par exemple, quand ils ont faim).

Ces trois tendances peuvent aussi affecter la maîtrise de soi. La solution pour les éviter est de supposer que tes aptitudes de maîtrise de soi ne sont pas aussi bonnes que tu le penses.

Si tu supposes que tu n'es pas aussi intelligent que tu le penses, tu passeras plus de temps à te demander si tu as raison, évitant ainsi des erreurs stupides. Si tu supposes que tu as peu de maîtrise de toi-même (et les tentations peuvent facilement te briser), tu auras plus de facilité à éviter les tentations.

## Le biais de statu quo et les schémas cognitifs inadaptés associés

Le biais de statu quo se définit comme une préférence pour garder les choses telles qu'elles sont[50]. Tout changement de l'état actuel est perçu comme une perte. Résultat, faire des changements positifs dans ta vie peut être beaucoup plus difficile que tu ne le penses, simplement parce que tu les percevras comme une perte, même si l'état actuel des choses n'est plus optimal pour toi.

Il existe plusieurs biais qui interagissent avec le biais du statu quo, tels que l'aversion à la dépossession (une tendance à largement préférer éviter les pertes qu'acquérir des gains) et l'effet de dotation (une tendance à attribuer une plus grande valeur à un objet simplement parce qu'on le possède).

Disons que tu veux commencer un régime, mais il y toujours plein de nourriture malsaine dans ta maison. À cause du biais de statu quo, au lieu de prendre la décision la plus optimale (donner la nourriture), tu vas la garder à la maison. Ensuite, grâce à l'illusion de sang-froid, tu vas sûrement la manger.

La résistance à se débarrasser de la nourriture est aussi liée à l'aversion à la dépossession : tu préfères ne pas perdre la nourriture que tu as achetée que de vider ta maison de toute tentation.

Tu peux combattre le biais de statu quo de plusieurs façons :

1. En te rappelant tes objectifs et en te demandant si le statu quo sert ces objectifs. Est-ce que stocker la nourriture tentante dans ta maison va t'aider à perdre du poids ?

2. En te demandant si tu choisirais le statu quo, si l'état actuel des choses était différent. Voudrais-tu toujours de cette nourriture malsaine dans ta maison si elle n'y était pas déjà ?

3. En trouvant plusieurs alternatives au statu quo. Au lieu de voir les choses en noir et blanc, trouve d'autres idées. Tu peux donner cette nourriture, mais tu peux aussi la confier à un ami pour qu'il te la garde.

4. En ne succombant pas au statu quo simplement parce que tu as du mal à choisir entre plusieurs alternatives. Si tu n'es pas sûr de vouloir donner la nourriture ou la confier à ton ami, ne t'en remets pas à la solution facile de ne rien faire. Choisis entre donner la nourriture ou la confier à ton ami. Si tu ne sais vraiment pas, joue le à pile ou face.

# 7 PIÈGES QUI METTENT TON AUTODISCIPLINE AU DÉFI : BREF RÉCAPITULATIF

1. Rapproche-toi de ton futur toi. Les gens qui préfèrent obtenir moins maintenant plutôt que plus dans le futur, ont davantage tendance à céder aux tentations et à échouer en tentant d'atteindre leurs objectifs à long terme.

2. Lorsque tu fais face à la possibilité d'une gratification instantanée, pense d'abord à la récompense de ton objectif à long terme. Cela trompe ton esprit et te permet de rester plus facilement discipliné.

3. Si tu veux attendre que l'envie te vienne avant de faire quelque chose, reconsidère ta motivation. Trouve un objectif qui est nourri d'une motivation intrinsèque : la santé, le développement personnel, l'affiliation, la contribution communautaire, plutôt qu'une motivation extrinsèque telle que la célébrité, l'apparence physique ou la réussite financière.

4. Lorsque tu te fixes de nouveaux objectifs, fais attention au syndrome du faux espoir. Ne fixe pas

d'objectifs irréalistes que tu n'atteindrais sûrement pas, car ils te décourageront et te feront abandonner généralement plus tôt que plus tard.

5. Plus tu dois prendre de décisions, plus la qualité de tes décisions sera mauvaise. Dépense ton énergie à prendre des décisions sagement. Réduis le nombre de décisions que tu dois prendre chaque jour afin de réduire l'effet de l'épuisement décisionnel dans ta vie. Prends des décisions importantes après une pause ou tôt dans la journée.

6. Le stress tue la maîtrise de soi. Exercer un bon contrôle sur tes niveaux de stress dans ta vie doit être une priorité. Si tu as besoin de te détendre, choisis des activités qui favorisent ton bien-être à long terme, plutôt que des techniques qui résultent en de petites doses de soulagement.

7. Les gens qui ont peu de maîtrise de soi ont tendance à surestimer leur capacité à contrôler leurs envies. Suppose que tu n'es pas aussi bon que tu le penses afin d'éviter de te surexposer aux tentations.

8. Évite le biais de statu quo : demande-toi si le statu quo sert tes objectifs, si tu le choisirais s'il

n'était pas déjà en place. Trouve plus de choix, et ne choisis pas le statu quo parce qu'il est difficile de prendre une décision.

# Chapitre 7 : 7 astuces supplémentaires pour rester discipliné

Dans le dernier chapitre du livre, nous allons discuter d'astuces supplémentaires qui t'aideront à rester discipliné. Les idées présentées ci-dessous augmenteront tes chances de former une nouvelle habitude et de changer tes actions par défaut. Lorsque tu les associeras avec toutes les choses que tu as apprises jusqu'ici, tu réussiras bien mieux à dire non aux tentations.

## Rendre des comptes et fixer des enjeux

Mon ami, un entrepreneur accompli, établit à l'ordre de son ami proche des chèques qui l'obligent à rendre des comptes. S'il n'atteint pas l'objectif qu'ils ont partagé, cet ami peut liquider le chèque et utiliser l'argent comme il l'entend.

Fixer un enjeu est un des moyens les plus puissants de rester discipliné. Après tout, s'il n'y a pas de sanction lorsque tu te laisses aller (à part le sentiment de culpabilité), il est plus tentant de succomber à une tentation que si tu devais envisager de subir de graves conséquences.

Pour de meilleurs résultats, l'enjeu doit être élevé. Si tu dois donner un chèque à ton ami, il vaut mieux que ce soit pour une belle somme, plutôt qu'une petite somme insignifiante dont tu n'as rien à faire.

Au lieu de faire un chèque à ton ami, tu peux utiliser stickK.com. C'est un site web qui te permet de t'en tenir à un objectif spécifique. Ensuite, si tu ne l'atteins pas, tu peux fixer un enjeu ou désigner quelqu'un comme arbitre à qui tu pourras rendre des comptes.

Le site offre quatre options pour fixer un enjeu. Tu peux choisir un ami ou un adversaire qui encaissera ton argent si tu n'atteins pas ton objectif. Tu peux aussi choisir une association caritative ou une association que tu ne veux pas soutenir.

Les enjeux sont une motivation puissante. Disons que tu te pénalises de 50 euros chaque fois que tu manges une barre chocolatée. Combien de temps continuerais-tu à en manger si cela te coûtait effectivement 50 euros ? Existe-t-il même une barre chocolatée qui vaut ce prix-là ? Et si en plus de perdre 50 euros, cet argent allait à une association que tu détestes ?

Une certaine façon de fixer un enjeu est d'acheter une adhésion annuelle à une salle de gym, ou même de payer à l'avance toute autre chose qui t'aidera à atteindre ton objectif à long terme. Parfois, tout ce dont tu as besoin pour t'en tenir à tes résolutions est la perspective de perdre une grosse somme d'argent.

## Veiller à atteindre des petits gains

Des études montrent[51] que les gens qui perdent le plus de poids dans les premières semaines de leur régime, perdent plus de poids à long terme, même s'ils suivent un régime extrême. D'autres études ont révélé que parmi les femmes obèses d'âge mûr, celles qui ont le plus rapidement maigri, étaient celles qui ne regagneraient vraisemblablement pas de poids au bout d'un an et demi[52].

On dirait que cela va à l'encontre des meilleures méthodes amincissantes. Après tout, c'est la tortue qui devrait gagner, n'est-ce pas ? Pourtant, la science prouve le contraire.

Lorsqu'on met cela dans le contexte de l'autodiscipline, la raison pour laquelle cela fonctionne est simple. Les gens qui perdent le plus de poids dans les premières deux ou trois semaines de leur régime sont encouragés à continuer par leur réussite initiale. Une enfilade de petits gains les aide à s'en tenir à leur résolution, même lorsque l'effet initial de la perte de poids rapide s'estompe.

Tu peux mettre ces découvertes en pratique dans tous les domaines de ta vie qui ont besoin de plus de discipline.

Tu veux économiser assez d'argent pour couvrir tes dépenses de base pendant trois mois ? Fixe d'abord l'objectif d'atteindre la somme de 100 euros d'économie, puis la somme de 250 euros, puis 500 euros.

Tu veux maigrir et changer tes habitudes alimentaires ? Considère un régime qui amène des résultats rapides à court terme, mais qui peut être maintenu sur une période de temps plus longue.

Tu veux arrêter de t'inquiéter tout le temps ? Fixe-toi un objectif de ne pas t'inquiéter juste pour une journée. Puis essaye deux jours d'affilée, puis trois. Ou bien, arrête de t'inquiéter à propos d'une chose spécifique dans ta vie, puis deux, puis trois.

Les premiers petits gains t'encourageront à continuer et stimuleront ta motivation à faire des changements permanents dans ta vie.

## Dresser des obstacles

On cède à la tentation à cause d'une impulsion. Une seconde, on voit la barre chocolatée, la seconde d'après, elle est dans notre bouche. On voit un article en solde dont on n'a pas besoin et on se retrouve à la caisse avec cet article à payer.

Si tu es une personne impulsive, dresse des obstacles qui serviront le rôle de ton autodiscipline. Par exemple, si tu as l'habitude d'acheter des choses en solde, juste parce qu'elles sont en solde, ne porte pas de carte de crédit sur toi et remplace-la avec un peu de liquide.

Si tu vas toujours à ton restaurant rapide préféré après le travail, instaure une réunion juste après ton boulot pour interrompre ce comportement.

Si tu veux arrêter de surfer stupidement sur internet pendant que tu es au travail, débranche ta connexion wifi ou utilise une application qui bloque l'accès à internet (ou aux sites qui te distraient).

## Faire tes choix avant qu'ils ne deviennent émotionnels

Tout comme la prévention est ce qu'il y a de mieux dans le domaine de la médecine, l'anticipation est ce qu'il y a de mieux en ce qui concerne les tentations.

Si tu as toujours faim à 15 heures, prépare-toi un bon déjeuner au lieu de prendre de la monnaie et d'acheter une barre chocolatée au distributeur automatique.

Si tu veux arrêter de te disputer avec les autres et que tu connais quelqu'un qui te rend fou, trouve un moyen d'éviter cette personne.

Lorsque tu anticipes les situations qui peuvent un peu trop défier ton autodiscipline, tu réduis le risque de céder à une tentation. Par conséquent, tu évites les envies plutôt que de les combattre.

## Prévoir des petits plaisirs

Tim Ferriss est l'auteur du livre de santé physique très populaire *The 4-Hour Body* (N.D.T. *Quatre heures par semaine pour un corps d'enfer*). Dans le livre, il décrit le régime de glucides lents, un régime concentré sur les aliments à indice glycémique bas. Des groupes entiers de certains aliments sont écartés, mais ce n'est pas ce qui fait que le régime est facile à tenir et tellement efficace (c'est ce régime, avec quelques modifications extrêmes supplémentaires, qui m'a aidé à perdre plus de 13,6 kilos en 12 semaines).

Ce qui rend ce régime si puissant, c'est la journée où l'on peut tricher : un jour programmé pendant lequel tu as le droit de manger tout ce que tu veux, autant que tu veux.

Tim Ferriss n'avait aucune illusion. Les gens cèdent à leurs envies (surtout lorsqu'ils font un régime), et ils ne peuvent pas y faire grand-chose. Par conséquent, il a décidé de permettre à ceux qui font des régimes, de se gâter un jour par semaine. En plus d'aider les gens à mieux s'en tenir à leur régime, une journée où tu peux tricher t'aide à perdre du poids au lieu de ralentir ton progrès[53].

Tout comme il est plus facile de travailler 25 minutes lorsqu'on sait que la pause de 5 minutes arrive bientôt, le régime est plus supportable quand tu sais que dans 6 jours, tu auras le droit de te gaver de tout ce que tu veux.

Tu peux aussi adopter l'idée d'un jour de triche dans tes autres habitudes. Par exemple, si tu veux faire davantage d'exercice, programme une journée par semaine ou tu peux rester à la maison à ne faire aucune activité physique. Tu n'es pas obligé de t'y tenir, mais cela sera une stimulation puissante de savoir que tu peux le faire.

Si tu veux démarrer une nouvelle entreprise et y travailler tous les jours avant ou après le travail, détermine une journée par semaine durant laquelle tu ne travailles pas du tout.

Quelle que soit ton habitude, tu peux trouver un moyen de te donner une petite pause qui ne ruinera pas ton progrès. Dans la plupart des cas, le résultat sera tout le contraire : tu seras plus motivé pour continuer.

## Relier les habitudes

Comme nous l'avons exploré dans le premier chapitre, les habitudes vont t'aider à automatiser tes comportements et à introduire des changements dans ta vie, sans exercer une trop grande quantité de maîtrise de soi.

Par contre, ce que je n'ai pas évoqué dans le premier chapitre est l'idée de pouvoir relier tes habitudes existantes à de nouvelles bonnes habitudes.

Par exemple, si tu te brosses toujours les dents quand tu te lèves, associe cette action avec une petite séance de méditation juste après. Une fois que tu établis une nouvelle habitude, te brosser les dents te fera penser à la méditation.

Une fois que tu établis l'habitude de méditer après que tu te sois brossé les dents, tu peux ajouter une autre habitude par-dessus ces deux-là, disons écrire trois choses pour lesquelles tu es reconnaissant.

Empiler des habitudes sur celles qui existent déjà est plus facile que d'avoir à inventer des routines et des signaux complètement nouveaux, et t'aidera à former de nouvelles habitudes avec plus d'aisance.

## Il suffit de s'y mettre

L'auteur à succès Jack Canfield a dit une fois, « Tu n'as pas besoin que ce soit parfait, il suffit de t'y mettre ». Lorsque tu te sens submergé et que tu es prêt à abandonner, dis-toi que tu vas essayer quelque chose pendant seulement cinq minutes, et qu'ensuite, tu peux t'arrêter.

Lorsque tu as commencé et que les cinq minutes sont écoulées, la plupart du temps, tu voudras continuer. Le plus dur est de commencer, pas de continuer une fois que l'on a commencé.

Par exemple, si tu as introduit l'habitude de faire 30 minutes d'exercice trois fois par semaine, dis-toi que tu vas mettre tes chaussures de course et que tu vas faire un petit jogging de 5 minutes autour du pâté de maison.

Si tu n'arrives pas à te forcer à aller en salle de sport, dis-toi que tu ne feras qu'un exercice et qu'ensuite tu pourras rentrer chez toi.

Si tu as du mal à méditer, dis-toi que cela ne durera qu'une minute.

Fais en sorte que l'action de commencer soit la moins pénible possible. Une fois que tu as surmonté la résistance initiale, tu trouveras qu'il est plus facile de continuer.

# 7 ASTUCES SUPPLÉMENTAIRES POUR RESTER DISCIPLINÉ : BREF RÉCAPITULATIF

1. Rendre des comptes et fixer des enjeux sont deux façons puissantes d'obtenir une motivation extérieure pour t'en tenir à tes objectifs. Invente une sanction si tu brises tes résolutions et tu y penseras à deux fois avant d'abandonner.

2. Les petits gains t'encourageront à continuer pendant la première phase, souvent la plus dure, de formation de l'habitude ou de tout autre changement dans ta vie. Veille à ce que ton processus contienne des petits gains en te fixant des mini-objectifs qui peuvent être atteints relativement facilement.

3. Au lieu de tester ton autodiscipline, dresse des obstacles et fais tes choix avant d'être forcé de réagir à une impulsion. Pense au moment où la maîtrise de toi-même sera mise à l'épreuve et prépare-toi pour cela : soit en faisant disparaître complètement la menace (éviter une situation spécifique), soit en faisant en sorte qu'elle soit plus facile à supporter.

4. Récompense-toi de temps en temps avec une journée de plaisir. Chacun de nous cède occasionnellement à la tentation. Au lieu de ressentir de la culpabilité pour un dérapage occasionnel, planifie-le, et amuse-toi.

5. Associe les nouvelles habitudes à celles qui existent déjà pour faciliter l'introduction d'une nouvelle routine dans ta vie.

6. Évite la procrastination en te disant que tu ne feras la tâche en question que pendant cinq minutes. Il y a des chances qu'une fois que tu auras commencé, tu voudras continuer.

# Épilogue

Chacun de nous peut introduire plus d'autodiscipline dans sa vie.

J'espère que ce que tu viens de lire t'aidera à introduire de nouveaux changements dans ta vie et t'aidera à t'en tenir à tes résolutions même lorsque tu seras face à des tentations.

La chose la plus importante à retenir de ce livre est que l'autodiscipline dépend fortement de ta motivation et de tes habitudes.

Si tu as une raison puissante de te donner tant de peine (au départ), tu voudras continuer même quand la vie te teste avec des tentations à chaque coin de rue.

Fixe des objectifs qui t'enflamment (mais qui ne sont pas impossibles à réaliser, attention au syndrome du faux espoir), forme de bonnes habitudes et utilise les astuces évoquées dans ce livre pour dire non à la gratification instantanée et atteindre tes objectifs à long terme.

Des changements positifs permanents dans ta vie en valent largement la peine.

# Inscris-toi à ma newsletter

J'aimerais rester en contact avec toi. Inscris-toi à ma newsletter et reçois mes nouvelles publications, des articles gratuits, des cadeaux et autres e-mails importants de ma part.

Inscris-toi en visitant le lien ci-dessous :

http://www.profoundselfimprovement.com/autodiscipline

# Peux-tu aider ?

J'adorerais connaître ton opinion à propos de mon livre. Dans le domaine de la publication de livres, il existe peu de choses plus importantes que les avis honnêtes d'une grande variété de lecteurs.

Ton avis aidera les autres lecteurs potentiels à savoir si mon livre est pour eux. Cela m'aidera aussi à toucher plus de lecteurs en améliorant la visibilité de mon livre.

# À propos de Martin Meadows

Martin Meadows est le nom de plume d'un auteur qui a dédié sa vie au développement personnel. Il se réinvente constamment en faisant des changements radicaux dans sa vie.

Au cours des années, il a fait des jeûnes de plus de 40 heures, appris deux langues étrangères tout seul, perdu plus de 13,6 kilos en 12 semaines, géré plusieurs entreprises dans des industries variées, pris des douches et des bains glacés, vécu sur une petite île tropicale dans un pays étranger pendant plusieurs mois, et écrit un roman d'histoires courtes de 400 pages en l'espace d'un mois.

Pourtant, l'auto-torture n'est pas sa passion. Martin aime tester ses limites pour découvrir jusqu'où va sa zone de confort.

Ses découvertes (basées sur son expérience personnelle et sur des études scientifiques) l'aident à améliorer sa vie. Si tu veux repousser tes limites et apprendre comment devenir la meilleure version de toi-même, tu adoreras les œuvres de Martin.

Tu peux lire ses livres ici :

http://www.amazon.fr/-/e/B00U97LQGG

© Copyright 2016 par Meadows Publishing. Tous droits réservés.

Traduit de l'anglais par Marie-Alice Baker.

La reproduction partielle ou complète de cette publication sans approbation expresse écrite est strictement interdite. L'auteur apprécie énormément que tu prennes le temps de lire son œuvre. Essaye de prendre le temps de considérer lui laisser un avis là où tu as acheté le livre, ou d'en parler à tes amis, pour nous aider à faire passer le message. Nous te remercions de soutenir notre travail.

Des efforts nécessaires ont été pris pour veiller à l'exactitude et à l'intégralité des informations dans ce livre. Cependant, l'auteur et l'éditeur ne garantissent pas l'exactitude des informations, des textes et des illustrations contenus dans ce livre en raison de la nature changeante rapide de la science, des recherches, des faits connus et inconnus et d'internet. L'auteur et l'éditeur ne sont pas responsables des erreurs, des omissions ou de la compréhension contraire du sujet traité. Ce livre n'est présenté que dans le but de motiver et d'informer.

[1] Lally P., van Jaarsveld C. H. M., Potts H. W. W., Wardle J. (2010). "How are habits formed: Modelling habit formation in the real world." *European Journal of Social Psychology* 2010; 40 (6): 998–1009.

[2] Blair S. N., Jacobs D. R., Jr., Powell K. E. (1985), "Relationships between exercise or physical activity and other health behaviors." *Public Health Reports* 1985; 100 (2): 172–180.

[3] Hollis J. F., Gullion C. M., Stevens V. J., Brantley P. J., Appel L. J., Ard J. D., Champagne C. M., Dalcin A, Erlinger T. P., Funk K., Laferriere D., Lin P. H., Loria C. M., Samuel-Hodge C., Vollmer W. M., Svetkey L. P.; Weight Loss Maintenance Trial Research Group (2008). "Weight loss during the intensive intervention phase of the weight-loss maintenance trial." *American Journal of Preventative Medicine* 2008; 35 (2): 118–126.

[4] https://nccih.nih.gov/health/meditation/overview.htm, 02.02.2015.

[5] Seligman M. E., Steen T. A., Park N., Peterson C. (2005). "Positive psychology progress: empirical validation of interventions." *The American Psychologist* 2005; 60 (5): 410–21.

[6] McGonigal K., *The Willpower Instinct: How Self-Control Works, Why It Matters, and What You Can Do to Get More of It*, 2013.

[7] Baumeister R. F., Tierney J., *Willpower: Rediscovering the Greatest Human Strength*, 2012.

[8] Kurzban R., Duckworth A., Kable J. W., Myers J. (2013). "An opportunity cost model of subjective effort and task performance." *Behavioral And Brain Sciences* 2013; 36: 661–726.

[9] Lange, F., Seer, C., Rapior, M., Rose, J., & Eggert, F. (2014). "Turn It All You Want: Still No Effect of Sugar Consumption on Ego Depletion". *Journal of European Psychology Students* 2014; 5 (3): 1–8.

[10] Miller E. M., Walton G. M., Dweck C. S., Job V., Trzesniewski K., McClure S. M. (2012). "Theories of Willpower Affect Sustained Learning." *PLoS ONE*, 7 (6).

[11] Pham L. B., Taylor S. E. (1999). "From Thought to Action: Effects of Process-Versus Outcome-Based Mental Simulations on Performance." *Personality and Social Psychology Bulletin* 1999; 25 (2): 250–260.

[12] Milgram N. A., Sroloff B., Rosenbaum M. (1988). "The procrastination of everyday life." *Journal of Research in Personality* 1988; 22 (2): 197–212.

[13] Nowlis S. M. Shiv B. (2005), "The Influence of Consumer Distractions on the Effectiveness of Food-Sampling Programs." *Journal of Marketing Research* 2005; 42 (2): 157–168.

[14] Pour davantage d'informations sur la pleine conscience, lis le livre de Thich Nhat Hanh intitulé *Le miracle de la pleine conscience : manuel pratique de méditation.*

[15] Dans le livre de Kelly Mcgonigal intitulé *The Willpower Instinct: How Self-Control Works, Why it Matters, and What You Can Do to Get More* (N.D.T. L'instinct de volonté : comment la maîtrise de soi fonctionne, pourquoi c'est important, et que faire pour en avoir plus), il y a un excellent chapitre qui explique en termes scientifiques très simples ce que nous savons de la dopamine.

[16] Kumar A., Killingsworth M. A., Gilovich T. (2014). "Waiting for Merlot Anticipatory Consumption of Experiential and Material Purchases." *Psychological Science* 2014; 25 (10): 1924–1931.

[17] Karageorghis C. I., David-Lee Priest D. L. (2012), "Music in the exercise domain: a review and synthesis (Part I)." *International Review of Sport and Exercise Psychology* 2012; 5 (1): 44–66.

[18] Lovato N., Lack L. (2010), "The effects of napping on cognitive functioning." *Progress in Brain Research* 2010; 185: 155–66.

[19] Tang Y. Y., Lu Q., Geng X., Stein E. A., Yang Y., Posner M. I. (2010). "Short-term meditation induces white matter changes

in the anterior cingulate." *Proceedings of the National Academy of Sciences* 2010; 107 (35): 15649–52.

[20] http://impossiblehq.com/cold-shower-health-benefits, 03.02.2015.

[21] Mattson M. P., Wan R. (2005). "Beneficial effects of intermittent fasting and caloric restriction on the cardiovascular and cerebrovascular systems." *The Journal of Nutritional Biochemistry* 2005; 16 (3): 129–137.

[22] Martin B., Mattson M. P., Maudsley S. (2006). "Caloric restriction and intermittent fasting: Two potential diets for successful brain aging." *Ageing Research Reviews* 2006; 5 (3): 332–353.

[23] Cameron J. D., Cyr M. J., Doucet E. (2010). "Increased meal frequency does not promote greater weight loss in subjects who were prescribed an 8-week equi-energetic energy-restricted diet." *The British Journal of Nutrition* 2010; 103 (8): 1098–1101.

[24] Leidy H. J., Armstrong C. L., Tang M., Mattes R. D., Campbell W. W. (2010). "The influence of higher protein intake and greater eating frequency on appetite control in overweight and obese men." *Obesity (Silver Spring, Md.)* 2010; 18 (9): 1725–32.

[25] Lieberman H. R., Caruso C. M., Niro P. J., Adam G. E., Kellogg M. D., Nindl B. C., Kramer F. M. (2008). "A double-blind, placebo-controlled test of 2 d of calorie deprivation: effects on cognition, activity, sleep, and interstitial glucose concentrations." *The American Journal of Clinical Nutrition* 2008; 88 (3): 667–76.

[26] Entine J., Taboo: Why Black Athletes Dominate Sports And Why We're Afraid To Talk About It, 2000.

[27] Noakes T. D. (2012). "Fatigue is a Brain-Derived Emotion that Regulates the Exercise Behavior to Ensure the Protection of Whole Body Homeostasis." *Frontiers in Physiology* 2012; 3: 82.

[28] Hammond R. A. (2010). "Social influence and obesity." *Current Opinion in Endocrinology, Diabetes & Obesity* 2010; 17 (5): 467–471.

[29] Ersner-Hershfield H., Wimmer G. E., Knutson B. (2008) "Saving for the future self: Neural measures of future self-continuity predict temporal discounting." *Social Cognitive & Affective Neuroscience* 2008; 4 (1): 85–92.

[30] Kirby K. N., Petry N. M., Bickel W. K. (1999). "Heroin addicts have higher discount rates for delayed rewards than non-drug-using controls." Journal of Experimental Psychology: General 1999; 128 (1): 78–87.

[31] Warner J. T., Pleeter S. (2001). "The Personal Discount Rate: Evidence from Military Downsizing Programs." *American Economic Review* 2001; 91 (1): 33–53.

[32] C'est une explication simplifiée. Pour plus informations, reporte-toi à l'étude.

[33] Weber E. U., Johnson E. J., Milch K. F., Chang H., Brodscholl J. C., Goldstein D. G. (2007). "Asymmetric Discounting in Intertemporal Choice: A Query-Theory Account." *Psychological Science* 2007; 18 (6): 516–523.

[34] Murru E. C., Martin Ginis K. A. (2010). "Imagining the Possibilities: The Effects of a Possible Selves Intervention on Self-Regulatory Efficacy and Exercise Behavior." *Journal of Sport & Exercise Psychology* 2010; 32: 537–554.

[35] Peters J., Büchel C. (2010). "Episodic Future Thinking Reduces Reward Delay Discounting through an Enhancement of Prefrontal-Mediotemporal Interactions." *Neuron* 2010; 66 (1): 138–148.

[36] Vansteenkiste M., Lens W., Deci E. L. (2006). "Intrinsic Versus Extrinsic Goal Contents in Self-Determination Theory: Another Look at the Quality of Academic Motivation." *Educational Psychologist* 2006; 41 (1): 19–31.

[37] Polivy J., Herman C. P. (2002). "If at first you don't succeed: False hopes of self-change." *American Psychologist* 2002; 57 (9): 677–689.

[38] Danziger S., Levav J., Avnaim-Pesso L. (2011). "Extraneous factors in judicial decisions." *Proceedings of the National Academy of Sciences of the United States of America* 2011; 108 (17): 6889–6892

[39] Vohs K. D., Baumeister R. F., Schmeichel B. J., Twenge J. M., Nelson N. M., Tice D. M. (2014). "Making choices impairs subsequent self-control: A limited-resource account of decision making, self-regulation, and active initiative." *Motivation Science* 2014, 1 (S): 19–42.

[40] http://www.vanityfair.com/politics/2012/10/michael-lewis-profile-barack-obama, Web. 04.02.2015.

[41] Spears D. (2010). "Economic decision-making in poverty depletes cognitive control."

[42] Anderson C. J. (2003). "The Psychology of Doing Nothing: Forms of Decision Avoidance Result from Reason and Emotion." *Psychological Bulletin* 2003; 129: 139–167.

[43] Oaten M., Cheng K. (2005). "Academic Examination Stress Impairs Self–Control." *Journal of Social and Clinical Psychology* 2005; 24 (2): 254–279.

[44] Hansmann R., Hug S. M., Seeland K. (2007). "Restoration and stress relief through physical activities in forests and parks." *Urban Forestry & Urban Greening* 2007; 6 (4): 213–225.

[45] Field T., Hernandez-Reif M., Diego M., Schanberg S., Kuhn C. (2005). "Cortisol Decreases and Serotonin and Dopamine Increase Following Massage Therapy." *International Journal of Neuroscience* 2005; 115 (10): 1397– 1413.

[46] Hanser S. B., Thompson L. W. (1994). "Effects of a Music Therapy Strategy on Depressed Older Adults." *Journal of Gerontology* 1994; 49 (6): 265–269.

[47] Cepeda M. S., Carr D. B., Lau J., Alvarez H. (2006). "Music for pain relief." *The Cochrane Database of Systematic Reviews* 2006; 19 (2): CD004843.

[48] Kruger J., Dunning D. (1999). "Unskilled and unaware of it: How difficulties in recognizing one's own incompetence lead to inflated self-assessments." *Journal of Personality and Social Psychology* 1999; 77 (6): 1121–1134.

[49] Nordgren L. F., van Harreveld F., van der Pligt J. (2009). "The restraint bias: how the illusion of self-restraint promotes impulsive behavior." *Psychological Science* 2009; 20 (12): 1523–8.

[50] Samuelson W., Zeckhauser R. (1988). "Status Quo Bias in Decision Making." *Journal of Risk and Uncertainty* 1988; 1: 7–59.

[51] Astrup A., Rössner S. (2000). "Lessons from obesity management programmes: greater initial weight loss improves long-term maintenance." *Obesity Reviews* 2000; 1 (1): 17–9.

[52] Nackers L. M., Ross K. M., Perri M. G. (2010). "The association between rate of initial weight loss and long-term success in obesity treatment: does slow and steady win the race?" *International Journal of Behavioral Medicine* 2010; 17 (3): 161–7.

[53] Ferriss T., *The 4-Hour Body: An Uncommon Guide to Rapid Fat-Loss, Incredible Sex, and Becoming Superhuman*, 2010.

Printed in Great Britain
by Amazon